[英]乔伊·卡罗（Joy Carroll）
[英]杰娜·N.亚历山大（Genea N.Alexander） 著

唐晓玲 陈琴 等译

小学教师专业标准
理论阐释与实践案例

The Teachers' Standards in Primary Schools:
Understanding & Evidencing Effective Practice

西南师范大学出版社
国家一级出版社 全国百佳图书出版单位

图书在版编目（CIP）数据

小学教师专业标准：理论阐释与实践案例 /（英）乔伊·卡罗 (Joy Carroll)，（英）杰娜·N. 亚历山大 (Genea N.Alexander) 著；唐晓玲等译. — 重庆：西南师范大学出版社，2020.6

（名师工程·新教育力译丛）

书名原文：The Teachers' Standards in Primary Schools:Understanding & Evidencing Effective Practice

ISBN 978-7-5621-9545-0

Ⅰ.①小… Ⅱ.①乔… ②杰… ③唐… Ⅲ.①小学教师 - 师资培养 Ⅳ.① G625.1

中国版本图书馆 CIP 数据核字 (2018) 第 203269 号

The simplified Chinese translation rights arranged through Rightol Media. （本书中文简体版权经由锐拓传媒取得。E-mail:copyright@rightol.com）

小学教师专业标准：理论阐释与实践案例

著　　者：[英]乔伊·卡罗（Joy Carroll）　[英]杰娜·N. 亚历山大（Genea N.Alexander）
译　　者：唐晓玲　陈琴　等
责任编辑：雷兮
书籍设计：尹恒
排　　版：张祥
出版发行：西南师范大学出版社　地址：重庆市北碚区天生路 1 号
　　　　　邮编：400715　市场营销部电话：023-68868624
经　　销：新华书店
印　　刷：重庆市国丰印务有限责任公司
幅面尺寸：170mm×230mm　　印　张：14.5　　字　数：292 千字
版　　次：2020 年 8 月第 1 版　　印　次：2020 年 8 月第 1 次印刷
著作权合同登记号：版贸核渝字（2018）第 275 号
书　　号：ISBN 978-7-5621-9545-0
定　　价：55.00 元

译者序

《小学教师专业标准:理论阐释与实践案例》是英国伍斯特大学乔伊·卡罗(Joy Carroll)和杰娜·N.亚历山大(Genea N.Alexander)两位专家的合作成果。两位作者长期从事见习教师、新入职教师、合格教师等不同专业发展阶段的教师培训工作,既有丰富的基础教育实践经历,又是教师专业发展、中小学校和大学伙伴关系、教师教育课程等领域的研究者。该书是基于英国教育和技能部(DfES)、英国教育标准局(OfSTED)、英国标准和课程局(QCA)等官方机构的政策文本,以及大量学者的前沿性研究成果,针对见习教师、新入职教师和指导教师撰写的指南性手册。书中既有关于教师专业发展的理论性阐述,又有大量基于证据支撑的实践案例,从而帮助读者了解教师专业标准内容和实践路径。

本书在章节编排上由以下5个板块组成。一是"这是什么",帮助读者了解该项标准的主要内容;二是"如何体现",将教师标准分解为切实可行的实践内容;三是"章节概述",提供该章节的整体框架;四是"分述再总结",把每一种教师标准分解为不同的子集,每一个子集都有详细的理论阐释和案例介绍;五是"本章小结",在总结本章主要内容的同时,支持和鼓励读者开展批判性反思。为增强本书的可读性,书中还包括小贴士、实践案例、证据来源等内容,向读者提供一些可以尝试的想法、虚构的实践案例、发人深省的教学问题、相关证据的出处来源等信息,从而帮助读者更好地将书中提出的策略性主张运用到实际工作中。

本书内容上主要有两个部分。一是有关教师专业标准的具体内容,主要包括8条标准,分别是"为调动、激励和挑战学生能力设定高期望值""促进学生发展与取得良好成就""具备良好的学科和课程知识""建构良好的课程结构并进行有效教学""调整教学以满足所有学生的长处和需要""准确和高效地开展评估""有效的行为管理保证优质安全的学习环境""履行更广泛的职责"。这8条标准既相对独立又互有联系,对见习教师、新入职教师、合格教师等不同群体都具有重要价值。第二部分是关于教师的个人行为和职业行为,主要从一般意义上阐述教师的职业道德和行为要求,以及针对新入职教师如何做一名终身学习者的建议。

"教育大计,教师为本。"教师专业标准是合格教师专业素质的基本要求,是教师开展教育教学活动的基本规范,是引领教师专业发展的基本准则,是教师培养、准入、培训、考核等工作的重要依据。2012年以来,我国教育部先后颁布了幼儿园、小学、中学、中等职业学校、特殊教育学校等不同类型学校的教师专业标准,对推动教师专业发展,完善各级各类教师管理制度,建设高素质教师队伍发挥了重要作用。尽管如此,现行的教师专业标准仍然存在着面向不同发展阶段教师的针对性不强,服务不同类型教师教学需要的实践性较弱,基于教师专业标准的操作性指南缺乏等问题。由本书的内容与编排特点可见,本书对我们了解英国小学教师专业标准,借鉴其专业发展实践经验,是具有一定参考价值的。

《小学教师专业标准:理论阐释与实践案例》一书的翻译工作能顺利完成,首先要感谢团队成员的精诚合作与倾情投入。全书由我负责统稿和校对,西南大学教育学部比较教育学专业博士研究生陈琴同学协助我做了部分统稿工作,并负责第三章、第四章的翻译任务。西南大学教育学部成人教育专业博士研究生董甜园同学承担了引言及导论等部分的翻译工作;重庆市潼南区塘坝中学鲍娟老师承担了第一章、第二章的翻译工作;西南大学附属小学张力文老师承担了第五章、第六章的翻译工作;沙坪坝区学府悦园第一小学温小琪老师承担了第七章、第八章的翻译工作;西南大学教育学部比较教育学专业博士研究生但金凤同学承担了第九章、第十章的翻译工作,特此说明并致谢。感谢西南师范大学出版社郑持军先生、雷兮女士等各位领导与编辑,他们为提高书稿的质量字斟句酌,提出了大量完善书稿内容与形式的宝贵意见,在此表示衷心的感谢。

唐晓玲
2020年4月于四川外国语大学

目 录

关于作者	I
致 谢	II
引 言	1
教师标准快速参考工具	5

第一章　为调动、激励和挑战学生能力设定高期望值　　9
　　这是什么　　10
　　如何体现　　10
　　章节概述　　10
　　分述再总结　　11
　　1a：为学生营造一个安全的、具有激励作用且相互尊敬的环境　　12
　　1b：为不同背景、能力和性格特点的学生设立适合和具有挑战性的目标　　19
　　1c：持续展示出积极的态度、价值观和行为，并对学生给予同样期望　　26
　　本章小结　　29

第二章　促进学生发展与取得良好成就　　31
　　这是什么　　32
　　如何体现　　32
　　章节概述　　32
　　分述再总结　　33
　　2a：对学生的知识、进步和成就负责　　33
　　2b：以学生的能力和已有知识为基础计划教学　　37
　　2c：指导学生反思他们的进步与当下的需求　　40
　　2d：论证学生学习和理解知识的方式，以及这些方式是怎样影响教学的　　43
　　2e：鼓励学生对自己的工作和学习采取认真负责的态度　　46
　　本章小结　　49

第三章 具备良好的学科和课程知识　　51

    这是什么　　52

    如何体现　　52

    章节概述　　52

    分述再总结　　53

    3a：有扎实的相关学科和课程领域知识，培养和保持学生对这门学科的兴趣，并能解决学生的问题　　53

    3b：能对学科和课程领域的发展进行批判性的理解，提升该领域的学术价值　　58

    3c：任何学科的教师都应该了解并承担提高学生读写能力、标准发音和正确使用规范英语的责任　　64

    3d：担任早期阅读教学的教师对系统化发音要有清晰的认知　　65

    3e：担任早期数学教学的教师对恰当的教学策略要有清晰的认知　　68

    本章小结　　71

第四章 建构良好的课程结构并进行有效教学　　73

    这是什么　　74

    如何体现　　74

    章节概述　　74

    分述再总结　　75

    4a：有效利用课堂时间进行知识传授并加深理解　　75

    4b：提升学生的学习兴趣和求知欲　　80

    4c：通过布置家庭作业等课外活动来巩固和扩展学生所学知识　　83

    4d：系统地反思教学经验和教学方法的有效性　　87

    4e：设计和提供相关学科领域内对学生有吸引力的课程　　91

    本章小结　　98

第五章 调整教学以满足所有学生的长处和需要　　99

    这是什么　　100

    如何体现　　100

    章节概述　　100

    分述再总结　　101

5a：区分和使用对学生有效的教学方法　　101
　　5b：了解阻碍学生学习能力发展的因素,并且知道克服这些障碍的方法　　105
　　5c：了解学生的身体、智力和社会发展状况,并且知道如何调整教学以支持学生不同阶段的发展　　108
　　5d：了解所有学生的需求,例如：有特殊教育需求的学生、能力突出的学生、将英语作为第二语言的学生、残障学生,并使用独特的教学方法来吸引和支持他们　　112
　　本章小结　　117

第六章　准确和高效地开展评估　　119

　　这是什么　　120
　　如何体现　　120
　　章节概述　　120
　　分述再总结　　121
　　6a：了解并理解如何评估相关科目和课程领域,包括法定要求　　121
　　6b：利用形成性和总结性评估来确保学生的进步　　125
　　6c：使用相关数据监控进度,设定目标并规划后续课程　　130
　　6d：定期给予学生反馈,无论是通过口头的还是准确的记录,并鼓励学生对反馈做出回应　　133
　　本章小结　　137

第七章　有效的行为管理保证优质安全的学习环境　　139

　　这是什么　　140
　　如何体现　　140
　　章节概述　　140
　　分述再总结　　141
　　7a：根据学校的行为守则制订日常行为规范,承担维护校园文明礼仪的责任　　141
　　7b：对学生的行为提出高要求,建立纪律守则,使用表扬、惩罚和奖励等一系列策略,并长期公平地执行　　145
　　7c：有效地管理课堂,采用适当的方法满足学生的需要,鼓励他们参与其中　　148
　　7d：与学生保持良好的关系,在必要时适当管束并果断行动　　152
　　本章小结　　155

第八章　履行更广泛的职责　　157

　　这是什么　　158
　　如何体现　　158
　　章节概述　　158
　　分述再总结　　159
　　8a：为学校的生活和校风做出积极的贡献　　159
　　8b：与同事建立良好的职业关系，了解如何及何时采取建议和获得专家支持　　162
　　8c：有效部署后勤人员　　164
　　8d：通过适当的职业发展来改善教学，回应同事的建议和反馈　　168
　　8e：就学生的成就和幸福感与家长进行有效的交流　　171
　　本章小结　　174

第九章　个人行为和职业行为　　175

　　这是什么　　176
　　如何体现　　176
　　章节概述　　177
　　分述再总结　　177
　　本章小结　　192

第十章　学习永无止境：做一名终身学习者　　193

　　这是什么　　194
　　章节概述　　194
　　跨越桥梁：从实习生到教师的转变　　195
　　对新入职教师和关键职位的期望　　200
　　最后的想法　　210
　　本章小结：新入职教师，学习永无止境　　212

参考文献　　213

关于作者

乔伊·卡罗（Joy Carroll）是伍斯特大学"小学新入职教师培训班"（ITT）的一名高级讲师,主要为本科生和硕士生授课,是合作伙伴团体的经理。在加入小学初级教师培训班之前,她先后在伦敦、赫里福德、伍斯特和斯塔福德地区的小学担任教师和校长助理,同时也是一家私立幼儿园的负责人。在此之后,她在地方当局的劳动力学校担任顾问,在员工管理方面和学校有着密切的合作。她目前正在进行以"学校和大学合作支持新入职教师培训"为主题的博士生课题。

杰娜·N.亚历山大（Genea N.Alexander）是伍斯特大学PGCE小学课程的带头人。作为小学新入职教师培训班的一名高级讲师,她致力于支持成人学习者成为最好的儿童教育专家的工作。作为专业团队中的一员,她和本科生及研究生培训学员在初级音乐、语言、专业教学实践等领域都有过合作。她在管理、监督和支持接受培训的教师方面发挥着积极的作用,她致力于让所有的学生、接受培训的教师和学校合作伙伴都可以得到最好的发展。在担任小学新入职教师培训班的高级讲师之前,她曾是一名小学教师,教授幼儿园到小学六年级的学生,并获得了音乐专业的教育硕士学位。作为一名学者,她始终保持着对研究的热情。

致谢

如果没有来自伍斯特大学新一代教师的鼓励和支持,没有这些教师向乔伊·卡罗提出的对这本书的渴望和需求,那么这本书可能不会出版。

乔伊·卡罗首先想要感谢那些和她一起在学校工作的、富有热情的同事,这些同事在开阔她的眼界和提升她对教育的理解方面,都产生了重要的影响。感谢来自苏姗·默瑟(Susan Mercer)的鼓励和支持。

杰娜·N.亚历山大想要感谢曾经一起工作、合作和帮助过她的教师、学者及专家。他们都对杰娜的工作提出了许多宝贵意见,比如开展教学实践,给予宝贵的职业指导和持续的鼓励等。还要特别感谢理查德·亨特(Richard Hunter)、乔·珀内尔(Joe Purnell)、保罗·史密斯(Paul Smith)、朱蒂·布里奇斯(Judy Bridges)、萨拉·吉列(Sarah Gillett)和斯科特·巴克勒(Scott Buckler)博士。

引言

爱丽丝(Alice)曾想:"如果没有图片或者对话的话,那么一本书有什么用呢?"(Carroll,1865,p.17)

爱丽丝是一个学习者。她对各种与教育相关的话题都有清晰的观点和看法,并按照合乎教育规则、逻辑和秩序的方式工作。她接受教育并对教育充满了好奇心,即使已经形成了自己的哲学观,也依旧带着好奇心和寻找问题答案的决心。当我们为本书设定场景和规划并考虑新入职教师(NQT)的角色的时候,我们完全可以参考这些特征,开启他们自己的教学生涯,寻找未来实践的方法。

这本《小学教师专业标准:理论阐释与实践案例》对于所有的初级培训教师、新入职教师和学校的导师来讲都是一本非常重要的书籍。在爱丽丝看来,我们编写和出版这本书的目的只有一个:实用。全书内容不需要从头到尾地一口气阅读,除非这是你比较喜欢的风格。相反,这本书是与众多参与人员进行专业化对话和参与活动过程中的一个宝贵工具,这本书中所提到的模型和想法,从读者的角度出发,涉及教师专业发展,确保教师在对孩子进行教学和照顾时产生积极的影响。

本书提供了关于教师标准的实践指导(DfE,2013a)。教师标准在2012年得到了修订,在2013年7月投入使用。它支持目前的政府立法,通过大量的实践应用案例提供支持和想法,同时确定教育发展的未来可能性和提供建议的灵活性。本书提供了一个当前最新的观点,在全国范围内设置了教师标准,提供了教学的背景、理论和实践,相关的支持证据都可以在书中找到,为的就是让读者对每一个标准的含义和方式都有一个整体上的理解。

教师标准：教师标准是什么以及教师标准的适用对象是谁？

教师标准是在萨利·科茨（Sally Coates）担任主席期间，在《教师标准的独立性评估》报告颁布之后引入的，目的就是为专业实践和教师行为设置一个很清晰的期望基准。教师标准界定了学员和教师所期望达到的最低水平的实践标准，这些标准既可以评估所有完成了法定培训期、达到合格教师技能（QTS）的学员，也可以评估所有接受教师资格标准培训的教师的表现，还可以评估遵守这些规章制度的教师的表现以及合格教师的学习和技能状态。

为什么见习教师、新入职教师和学校的导师需要这本书？

本书的首要目标是把每一种教师标准都分解成不同的部分，每一个重要的部分都通过实践中的理论和实例证据提供有用的指导和支持。这些章节的目标就是去除教师标准的神秘化，通过提供相关实践案例支持教师开展教育创新，帮助读者了解和理解这些标准，从而获得自信。

本书对于任何参阅教师标准的人来讲都是非常有用的，它可以作为有效学习和教学的实用工具。本书也会提供有关的背景和信息，讨论在一个教师职业的不同发展阶段，是如何将这些标准应用到有效的实践中的。这些标准之间有着非常紧密的关联，本书不仅揭示了标准之间的内在联系，而且解释了在日常实践中寻找证据的重要性。此外，每个章节都包含来自教育领域专家简短的思考和建议。

分解

为了便于参考，我们在每一个章节都总结了一些关键的特征为读者提供指导。每一个关键特征的概述如下。

这是什么

这一部分位于每一章的开头，目的就是帮助读者了解教师标准应该如何应用到班级实践中，以及为什么教师标准对于教师来讲是十分重要的。这为每一个章节都提供了存在的合理性，同时阐述了标准中的关键问题。

引　言

如何体现

这一部分介绍的是教师标准的范围，并进一步把标准分解成了不同方面的、切实可行的实践内容。

章节概述

正如题目所显示的那样，这一部分提供了章节的整体框架，把理论应用到分解之后的每一种标准中，帮助教师将理论运用于实践中。

分述再总结

这一部分把每一种教师标准分解为不同的子集，每一个子集的内容都有详细的介绍，通过寻找证据把理论与日常实践相结合，尽可能充分地符合教师标准。

小贴士

每一个章节都包含了一些有用的提示，包括尝试有用的想法等。

实践案例

每一个章节都包含了一些虚构的实践案例，案例内容都包含在每一种子集的标准中。这些实践案例能够帮助读者想象如何收集证据来支持教师标准。这些证据对于创新来讲是非常有用的，但应该注意的是，所有的实践案例都是虚构的。

关键问题

每一个章节都包括了教师可能会遇到的发人深省的教学问题，用于启发他们反思自身的实践经验。

证据来源

在每一个小节的结尾都会有相关的证据来源，这为那些希望找到证据联系实践进行教学的教师提供了便捷。

本章小结

每一个章节都会包括该章的关键内容和学习机会，以支持和鼓励教师开展积极的批判性反思。

你的方法是什么

本书的内容非常灵活和实用,并没有要求读者一次性阅读完所有的文章内容。同时,书中也有一些和目前的教学主题相关的内容,章节的编写方式也符合教师专业发展的需要,读者可以和编者持有不同的观点和看法。读者可以在闲暇时间开展书中提及的一些活动,践行书中的想法,书中每一个章节都为读者提供了探索和反思的机会。最重要的是,本书致力于帮助教师开发和理解教师标准,了解如何找到强有力的证据支持。

"请你告诉我,我应该从哪里出发?"

"那很大程度上取决于你想要去哪里。"卡特说。

"我并不十分关心要去哪里。"爱丽丝说。

"那你走哪一条路都不重要了。"卡特说。

"只要我能够到达一个地方就行。"爱丽丝加以解释道。

"如果你确定那么做,"卡特说,"那你只需要走足够长的路就行。"(Carroll,1865,p.62)

无论你是选择阅读本书还是选择你自己的方式,我们都希望你能够发现它是实用的,也是能够帮助你成功完成新入职教师培训的一个关键工具。

教师标准快速参考工具

序言

　　教师以学生的教育为第一要务,有责任在工作和行为方面制订尽可能高的标准。教师的行为代表着诚实和正直;拥有丰富的学科知识,确保他们作为教师可以具备最新的和经过自我反思的知识和技能;能够建立积极的职业关系;基于学生最大的兴趣和父母展开交流与合作。

第一部分:教学

一个教师必须:

1. 为调动、激励和挑战学生能力设定高期望值

- 出于相互帮助和相互尊重的原则,为学生创建一个安全而刺激的环境。
- 为所有不同背景、不同能力和不同基础的学生设置具有延展性和挑战性的目标。
- 一贯地证明积极的态度、价值观和行为,这些都是学生所期望达到的。

2. 促进学生发展与取得良好成就

- 对学生获取知识、取得学业进步和提高考试成绩负有责任。
- 根据学生已有的知识经验进行有效的教学。
- 引导学生思考他们已经取得的进步和未来的发展目标。
- 了解学生的学习情况以及这些对于教学的影响。
- 鼓励学生对工作和学习持有负责任的和认真的态度。

3. 具备良好的学科和课程知识

- 对相关主题和课程领域的知识框架有一个正确的认识,培养和保持学生对于主题的兴趣,解决误解的问题。
- 对主题和课程领域的发展有深刻的理解,提高奖学金的价值。
- 无论教师的专业学科是什么,都需要对提高学生的识字能力标准、提高学生的表达清晰度和让学生正确使用英语标准承担责任。
- 如果教授早期阅读,对系统性的语言知识要有清晰的理解。
- 如果教授早期算数,对准确的教学策略要有清晰的理解。

4. 建构良好的课程结构并进行有效教学

- 通过有效地使用课堂时间传授知识和增强学生的理解。
- 提高学生对学习的喜爱和对知识的好奇心。
- 布置家庭作业和策划其他形式的课外活动,巩固和加深学生对已有知识的理解。
- 系统性地反思教学内容和教学方法的有效性。
- 继续设计和提供参与相关主题的课程。

5. 调整教学以满足所有学生的需要

- 知道何时该采用何种教学方法以确保学生理解教学知识并获得学业进步。
- 对抑制学生学习能力的一系列因素有一个全面的了解,并了解如何最有效地克服这些因素。

- 要具备促进儿童身体、社会和智力发展的意识,知道如何在儿童不同的发展阶段通过教学支持学生的教育。
- 对所有学生的需求要有一个很清晰的理解,包括那些有特殊教育需求的学生、能力很强的学生、母语是非英语的学生及残疾学生。有能力使用独特的教学方法促进学生的参与,支持学生的发展。

6. 准确和高效地开展评估

- 了解和理解如何评估相关的主题和课程领域,包括法定的评估要求。
- 使用形成性评估和终极评估以确保学生的进步。
- 使用相关的数据监控学生的进步与发展,设置目标并规划后续的课程。
- 给学生定期的反馈,包括口头上的和书面上的,鼓励学生对反馈的内容及时做出反应和改变。

7. 有效的行为管理保证优质安全的学习环境

- 对于班级学生的行为要有明确的行为规则和例行程序,有责任确保学生在班级和学校里有良好的、礼貌的行为,符合学生行为规范。
- 有较高的行为期望,通过一系列的策略制订纪律制度,进行一致的、公平的表扬、惩罚和奖励。
- 有效管理课堂,使用一些符合学生需求的方法让学生有动力参与到课堂中。
- 和学生保持良好的关系,行使适当的权利,必要时果断采取行动。

8. 履行更广泛的职责

- 为学校的生活和校风做出积极的贡献。
- 与同事建立有效的专业关系,了解如何以及何时寻求咨询和专家支持。
- 有效安排支持人员。
- 通过有效的专业发展改善教学,回应来自同事的建议和反馈。
- 针对学生的学业成就和幸福感,与其父母进行有效的沟通。

第二部分:个人行为和职业行为

人们总是希望教师可以一直保持着对个人行为和职业行为的高标准。以下内容对教师的行为态度进行了定义,这为教师的职业生涯规定了所需要的行为标准。

不管是在校内还是校外,教师需维护公众对教师职业的信任,坚守伦理和行为的高标准,并通过以下方式展现:

- 尊重学生,建立相互尊重的师生关系,在任何时候教师的行为都要合乎教师职业标准。
- 根据法律条文的规定,确保学生的健康。
- 尊重他人的合法权利。
- 不诋毁英国的基本价值观,包括民主、法律法规、个人自由和相互尊重,以及对不同信念、信仰的包容。
- 确保个人信念不是通过利用学生弱点或者导致他们触犯法律等方式实现的。

教师必须适当地以专业化视角去关注其任教学校的校风、政策以及实践;保持较高的出勤率和准时率。

教师必须理解并始终在专业职责的法定框架内行事。

来源:教师标准(DfE,2013a)

第一章
为调动、激励和挑战学生能力设定高期望值

教师标准1——为调动、激励和挑战学生能力设定高期望值：

1a 为学生营造一个安全的、具有激励作用且相互尊敬的环境；
1b 为不同背景、能力和性格特点的学生设立适合和具有挑战性的目标；
1c 持续展示出积极的态度、价值观和行为，并对学生给予同样期望。

这是什么

为学生设定较高的期望值是高效率、专业化教师的重要特征。通过展示公平和积极的行为,让学生能为了学习而掌握学习技巧。积极的课堂气氛能为学生提供更多成功的和有意义的学习体验,对学习产生的破坏性最小。通过建立一个让学生有安全感的、具有激励性的,并且有明确规章制度鼓励学生学习的环境,不仅能帮助学生获得成功,还可以使整个学习体验变得更加愉快和积极。同样,形成一个包容性强的、以儿童为中心的、不断寻求机遇并且为学生提供学习机会的人生观,也是一个教师的重要素质。确保这些机会既是为学生个体定制的,也能使学生个体得到挑战,并为每个学生提供最好的机会,这些都是至关重要的。

如何体现

教师标准 1 包括一个有效教师在成功的教学实践中应该持有的价值观。成功的教学实践开始于你如何将你的课堂环境设置为精彩的、吸引人的和静谧的环境。这个愿景能否实现取决于对环境的布置能否彰显这些良好的课堂特质,以及这些特质是如何影响学生的学习进步等问题的思考。在日常实践中,为了促进日常积极行为的产生和创建学生渴望学习、获得成功的环境,制订稳定且有规律的计划是必要的。此外,让学生挑战自己的潜力是确保优秀学生进步的基础条件。这些目标可以通过优秀的行为管理、明确的奖励制度、关注课堂展示的细节、允许学生充分质疑、促进学生自主发展等途径实现。我们将在后续章节中呈现许多典型的实践案例和促进成功学习体验的关键要点。当然,作为一名教师,是否能从其他专业领域学习也是决定你能否成为有效教师的重要方式。同时,在你的个人网络空间里应该会有很多高效的优秀案例,千万不要忘了,互联网的世界可以产出鼓舞人心的成果,例如你可以在教育网站上分享专业化的见解。作为一个有效的专业人士,为了吸引你的学生和对他们产生积极的影响,参与并且进行优秀的教学实践是你的责任。

章节概述

你为调动、激励和挑战学生能力付出了多少努力?在你的发展实践中,你把哪些要素放在优先位置?

第一章 为调动、激励和挑战学生能力设定高期望值

诺丁汉(Nottingham, 2013)认为实现目标的愿景对于结果是至关重要的:"一个人投入某项任务中所付出的努力,等于他们想要达到的程度乘以他们期望达到的程度。"(p.12)

在引用上述观点时,实际上应该从两个角度来考虑,即教育者和学习者。从有效教师的立场来看,通过阅读本书能促进你投入更多精力以提升自己的专业发展水平,对个人和职业能力有较高的期望值,这是你通往有效实践的第一步。现在,从学习者的角度出发,问自己以下问题:你如何向你的学生提供积极的、相互尊重的、帮助他们获得成功并且超越预期的学习动力?如果你对这个问题有一些自己的答案,你就有了一种实现和证明成功实践的方法。

在本章中,我们打算探讨以下关键主题:

● 探讨以互相尊敬和坚持不懈为前提,教师鼓励学生参与学习并对学习产生积极行为的方式。

● 探讨如何把令人兴奋的课堂环境作为学习"工具"的方式,同时我们也探索如何创造这样的课堂环境。另外,为了获得良好的课堂效果,我们将讨论如何在日常实践中让所有的学生得到挑战,提出一种有助于理解学生的方式,聆听"学生的声音"总能对课堂产生积极的效果。

● 探讨为了促进积极的态度、价值观和行为的形成,教师和学生如何进行团队工作。

为了进一步的发展,就标准的基本原理而言,本章将会提供一些适合读者的且具有实效性的实践案例。为做到理论与实践相结合,本章将继续探索全纳教育的背景和性质,以及确保教师满足所有学生的需求,即做好了满足所有背景、能力和性格特点各不相同的学生的需求的准备。本章通过关键问题、实践以及相关想法的评论等方式,让你有机会对获得的技能、知识和理解进行应用和实践。最后,关于如何找到、在哪儿能找到证据来源和有用的部分资源,本书将会用一个章节详细介绍。

分述再总结

在接下来的章节里,我们将分解标准的某一部分,对这些部分做更深入的探索。每一部分都将以理论和实践证据为支撑,以便于在您的个人实践中,就如何证明这些标准,给予您行之有效且明确的指导。

1a：为学生营造一个安全的、具有激励作用且相互尊敬的环境

安全措施

学生的安全和幸福在任何环境中都应该是最重要的。学生需要的安全感觉，就是那种让他们能拥有如父母在身边的安全感，这是教师与其他经常和学生在一起工作的成年人的责任。除了执行各项实践指南外，每个环境的创设都将会有一个安全制度/规章，这也是与孩子一起工作的成年人应该熟悉的责任。对你的学生有较好的了解是安全措施的一部分。此外，了解对孩子的安全和幸福构成威胁的潜在因素也是至关重要的。参与学校的安全教育是必要的，例如学生信息泄露时该做什么，或者熟悉你能获得支持和指导的高级教师的角色和责任。不要等到问题产生后再想办法：作为教师，你应该积极研究学校的规章制度、充分了解国家的相关计划与指导策略。

环境因素

什么是"环境"？影响学生学习的环境就像我们太阳系的环绕层一样具有多面性。从微观层面上说，环境可能意味着学生直接的学习空间，例如设备、椅子、桌子以及同伴等。从中观层面上说，它可能就是教室。在宏观层面上，环境可能是整个学校。在一个更庞大的层面上来说，环境可能是我们生存的一个具有激励性质的世界，它是超越学校环境的。（见图1.1）

因此，要达到这个标准，要求教师既要考虑发生有计划学习的物理环境，也要考虑其他学生能学习以及在这个环境里的人都能学习的潜在环境，或者对学习产生影响的社会环境。正如亚当斯（Adams，2011，p.6）所指出的："如果细心地创设环境，房间的布局对儿童的行为将有着重大的积极影响。"

直接的物理环境

对教师来说，最兴奋的时刻是设计他们教室环境的时候。如果想让学生感受到激励、安全和学习的氛围，教师必须仔细考虑课堂环境设计的所有细节。

第一章　为调动、激励和挑战学生能力设定高期望值

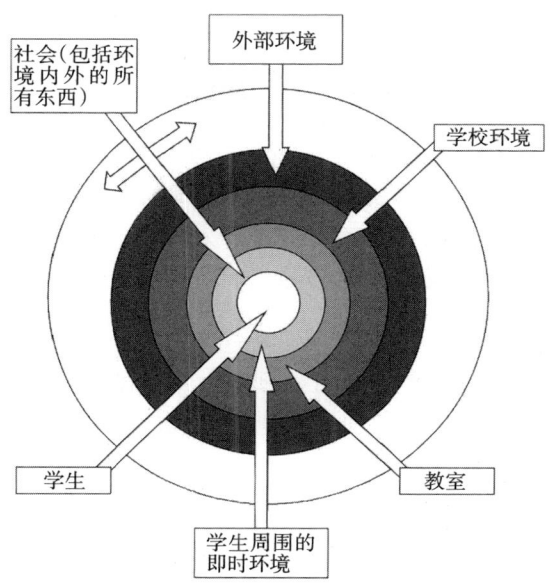

图 1.1　环境因素

让我们来讨论一些直接的物理环境的重要特征以及教师展示他们满足小学教师标准1a的方式。考虑到教师作为促进者,我们将使用首字母缩写词(F.O.S.T.E.R.),并通过直接的物理环境进行学习。

设备(Furniture)

对顺利和成功的日常实践来说,需要考虑教室设备安放的位置及如何放置。学生的位置安排是有效课堂的一个重要部分,关于这个问题,许多学校做了很多思考。学生座位的安排常常取决于班级教师的个人喜好,当然,还有学生的个体需要。和朋友坐在一起,还是不和朋友坐在一起?这就是个问题。在考虑这个问题的时候请用你的专业判断,并且对学生来说你的安排应该是公开和诚实的。可以询问学生他们和谁坐在一起能够更有效地学习,和谁坐在一起会分心。当然,为了获得最大限度的支持,这也是有效调配课内其他成年人(如助教),并让他们专注于职位职责的一个绝佳的机会。

 小贴士:让学生参与座位调整的决策过程,并且方位的调整应该适应他们日新月异的需求。座位的安排没必要固定,需要适时调整。

在安排座位时,确保所有的学生都有机会获得教室周围的各种资源。除了能使用如个人抽屉以及相关设备资源外,还应该在看黑板或者其他任何"工作墙"时有一个很好的角度。了解你的学生(了解他们的需求),包括视力、听力或者身体不健全的学生,因为这会对满足他们的实际需要有帮助。允许学生(和成人)能出入教室的所有区域,尤其是桌椅之间的区域。考虑安全问题和评估风险:设备如果放置不安全是有危险的。学生和教室内的成年人应该一起讨论课堂设备的位置问题,而这也能作为你们班风建设的一部分。

机会(Opportunities)

在课堂上给学生提供各种独立的学习机会。例如:阅读区或者交互式陈列各种学习物品。为学生制订明确的使用规则,并鼓励学生成为制订规则和执行规则的主体,这样能让学生产生一种共享的感觉。鼓励学生尊敬他们的课堂环境,这个问题将在接下来的一章进行深入探讨。确保教室是令人愉快的,学生是充满好奇心和能够深刻思考的,有效展示各种方便使用和易于访问且有着清晰标签的资源(图片和文档的使用),这是一种让学生参与课堂的简单方式。此外,在设定特定区域的"暂停教学"问题时应该特别谨慎。这也许是学生为了稳定情绪或者解决学习问题而选择使用的区域,他们需要这个区域,或者可以说这个区域也是教师为促进积极行为而使用的。另外,"圆圈教学"能用来增强自律、自尊和积极的关系(Mosley,1996)。

感官(Senses)

以各种方式吸引学生参与课堂,并且为他们在课堂环境中的交流互动提供自主的机会,以下是一些简单的方法。

- 视觉:确保有很多东西是可以看见的,包括肯定和赞扬学生作品的信息以及教师提供的支持学生学习的信息。
- 听觉:创设一个互动式的收听站或者使用"声音按钮"作为听力展示的一部分。鼓励学生记录他们自己的声音,包括展示部分。尝试在进行学习活动时播放平缓的、不嘈杂的有声音乐(但是要注意考虑不同学生的偏好)。
- 动觉:提供各种各样的物品,增强学生对物体的触摸感,将此作为展示动觉的一部分,比如一些3D形状的东西或者有不同质感的纸质物体。创造性地思考,问学生一些问题或者邀请学生提问。
- 嗅觉:确保教室有怡人的香味,或者提供一个"香味区域"作为写作的刺激物。
- 味觉:尝试用"味道"作为创造、写作或者理解不同文化背景的刺激物。

第一章 为调动、激励和挑战学生能力设定高期望值

在使用以上感官时,教师要能敏锐地意识到学生的过敏物、特殊的需求以及情感,特别是能引发学生身体反应的敏感物。这些敏感物或许包括了以上提到的任何一种。

> 小贴士:邀请所有的学生吃一颗有包装的糖果(请确保你已经提前告知学生父母或者其监护人,以及你这样做的目的是检查潜在的过敏物)。要求学生把这颗包装好的糖果放在空白纸张的中心。学生可单独操作或者由成年人带着操作,邀请学生看、闻以及感受这颗包装好的糖果并且在纸上记录他们对此的反应(可用文字或者图片的方式)。邀请学生慢慢地打开糖果并且重复这个动作,但这次是要求他们记录下他们"打开包裹"的反应。最后,鼓励学生开始品尝糖果,然后记录他们吃糖果的反应。用文字探索甜蜜的品尝之行,把这个作为学生创造性写作,例如诗歌、记叙文,以及创作艺术作品的刺激物。

技术(Technology)

技术性增强学习(Technologically Enhanced Learning,TEL)是当前小学课堂改革中的一个重要特征,它能为学习体验增添真正的价值和意义。但是,在为学生提供笔记本电脑、平板电脑或交互式白板等工具时,需要确保这些工具的使用能最大限度地为学生学习和利用资源提供便捷。

> 小贴士:线索都在名称中:使用交互白板进行互动……在你可以用钢笔写字的白板上,用漂亮的模拟手册记录当前和预期结果。这意味着这种交互式白板被多次使用,并且学生不用依靠屏幕上的强光长时间查阅信息,教师也能通过板书让学生模仿。

班风(Ethos)

积极的班风是成功的关键。教师也许是学校最好的展示者以及最具有互动性的资源,但如果没有互相尊重、支持、包容和以挑战、合作为基础的课堂氛围,教师对学生的积极影响将所剩无几。健康的课堂氛围鼓励积极分享,容忍不可接受的行为,为学生提供安全保障,有着明显的行为规范并且对学生的言行、相互协作以及学习有较高期望。让学生参与到课堂规则制订的各个环节,当事情不能按计划进行的时候教师要给予提醒。

资源(Resources)

确保所有的资源都标有清楚的标签(包括图片和文字,或者尝试"声音按钮"),并且学生能够获得和使用。指导和鼓励学生遵守获取资源的规则,并尽可能独立获取资源。这样将会在教师活动期间最大限度地节省时间,也能培养学生的独立性。提供资源是必要的,例如:直尺和削好的铅笔、能引起讨论的物体和图片等,以及为挑战控制精细运动技能的学生提供铅笔手柄等支持性资源。最重要的是,要确保让学生知道这些资源的所在地,告诉学生他们是被尊重的,并且拥有分享和独立访问资源的权利。

灵感魔法时刻:

克里斯·马拉尼(Chris Mullane)创作的魔法教室

这个教室不像别的教室,教室里具有魔法。
它看起来杂乱无章,到处都有颜色。
教室里有做游戏用的装满豆子的小袋、靠垫、沙发,还有一些隔板以及一个显示屏。
在教室的另外一边,能看见一些桌子。
在窗户的旁边,阳光灿烂。
但是在靠近内墙的地方,我们看到的光线较少。
教室里有专门为盲人学习提供的音乐。
而耳罩是为那些通过其他方式学习的人准备的。
在每面墙上都会有图片,每张图片都讲述了一个故事。
教室里还有一些易过敏物,甚至是一支带有香味的笔。
关于其他人如何使用这样的一间教室我还没有考虑清楚。
这似乎更像是某种魔法的配方。
也许这个房间是有魔法的,会施放特殊的咒语,
进入这里的每个人都能学习得非常好,
无论是通过触觉、听觉、视觉还是动觉来学习。
一种受感情驱使的、具有全球普遍性或者反思性的分析,
会让学生在收集、处理和保存信息时不再有强烈的挫败感。

(引自:Prashnig,1998,p.50)

第一章 为调动、激励和挑战学生能力设定高期望值

较广泛的物理环境

较广泛的物理环境包括学校、父母、社区以及媒体等。作为一名教师,尝试控制所有这些外部因素是极具挑战性的,这也让我们思考如何能把一些看似不可能完成的任务变成现实。

学校

教室是这种环境里的一小部分,对整个学校的环境来说它是必不可少的,它能反映整个学校的校风,而学校的校风又渗透在每个单独的教室里。确保你的班风建设与整个学校的价值观是一致的,并且鼓励学生参与校风的建设,成为一个鼓励积极行为和对行为持有高期望值的团队中的一员。

社区

将优秀的实践放在社区的活动中心,邀请校外的演说家到课堂演讲,并分享他们当地社区学生的成就。建立良好的伙伴关系的同时也要具有包容性,确保学校的价值观能在社区活动中得到很好的宣传。这个可通过社区与学校合作的宣传活动、大学生实践活动以及家长教师协会(PTA),以实时资讯、定期通信等方式来实现,如写信、发放年级组小册子和积极打电话给学生家人讨论成绩。父母和其他监护人以及当地社区都可以广泛参与学校生活。由此可见,对学生发展产生共同的积极影响的方式有很多。

社会环境

无论是课堂环境还是外部环境,社会环境对学生的进步发展和幸福感都有着显著的影响。在教室内鼓励学生参加积极的社会性互动,也许会对广义的学校以及外部环境产生影响。汉森(Hansen,2011)认为:"创造积极的学习氛围能影响并贯穿所有的教学领域和教学活动。"(p.233)此后他又进一步提出建议,积极的社会互动能更好地嵌入教学。例如个人、社会和健康教育(Social and Health Education,PSHE)。然而,我们鼓励积极的社会互动。更具体地说,积极的社会互动,包括教室和学校的其他区域都是日常生活实践中不可或缺的一部分。满足小学教师标准1a的例子可以是简单的教室标志、规则和日常活动,也可以使用"对话伙伴"(use of talk partners)、"伙伴系统"(buddy systems)以及成人主导的操场运动和活动等方式满足该标准。总之,作为日常学习的一部分,学生应该有机会接触各种积极的社交互动模式,也许更重要的是学生能获得尊重和独立参与这些活动的机会。

什么是"互相尊重"？你又怎样证明你能做到？

简单来说，小学课堂上的相互尊重包括成人和与其一起工作的同事对学生的尊重，以及学生对成人和与成人一起工作的同事的尊重。"成人"的使用在这里是很重要的，因为对于所有与学生一起工作的成年人，不管是在教室或者是餐厅，都应该像尊重教师一样给予他们同等的尊重（事实上，对学生的尊重也是一样的）。学生坚持公平但为什么又做不到呢？因为学生对什么是公平、什么是不公平的看法，有时会受到情绪、同学的影响，或者仅仅只是贫乏、不到位的思考和理解。成功教师的作用是在学校生活的所有方面鼓励学生进行有效的交流。尊重应该是各方努力的结果，有效的交流从某种程度来说能实现互相尊重。教师应鼓励学生以平静的方式表达自己的感受，并提供有用的课堂工具帮助学生，例如缓和运动的"暂停"区，以书面或以口头形式作为支持学生工作的回应。让你的学生知道你很重视他们，他们的努力和成就都能通过正强化、定期赞扬以及支持获得。聆听和观察他们的需求，让他们知道你对他们做的事感兴趣，带着这个想法，我们抽出十个学生回答下面的问题：

什么情况下你能感受到你的教师是尊重你的？

学生的回答：

她对着你微笑；对你很和蔼并且肯定你的工作，例如"做得好！你证明了自己的能力"。她在和你谈话时声音是轻柔的，不会对你大吼大叫，也不会很严肃。因此，谈话期间你就能及时反馈而且能认真听对方的讲话。这表示你尊重教师，因为如果你尊重她，她同样也会尊重你。(Kennedy, 10岁)

 小贴士：聆听孩子的声音。

 实践案例——教师标准1a

斯特拉（Stella）

斯特拉注意到班上有个孩子上课不认真听讲，在运动场上还和教师唱反调。因为孩子早期并没有表现出这样的性格特征，所以斯特拉对孩子的健康成长很忧虑。尽管斯特拉不确定这是否是成熟阶段的一部分，但她仍然把这个孩子的行为变化向与她同组的高级教师进行了汇报。斯特拉确信这个高级教师记录下了这个信息，同时在他的指导和支持下，不动声色地观察这个孩子并且记录下一切变化。

第一章 为调动、激励和挑战学生能力设定高期望值

> **裘德(Jude)**
>
> 裘德的教室是一个阿拉丁式的洞穴(Aladdin's Cave)。当你进入房间后，各种声音、香味、景观和古董……平静区域和刺激区域……交换出现，并且都有明显的标记。裘德在他的课堂上制订了明确的独立规则，其中包括行为期望和工作完成后的下一步程序。这些指导规则既是老师为学生制订的，也是学生自己制订的，显示了全班同学对教室环境的理解和尊重。

 参照教师标准1a进行实践时，你需要考虑以下几个关键问题：

- 考虑教室的设计和布局。为了支持有效的学习和积极的行为你将怎样最大限度地开发学习空间？
- 你是否对课堂环境开展过风险评估？
- 你如何让父母/监护人以及当地社区参与学校生活？
- 你希望灌输什么样的价值观给你的学生？
- 你是否清楚你教室中的安全措施？
- "相互尊重"对你意味着什么？你怎样和你的学生交流，寻得一个共同的理解？
- 你有多了解你的学生？他们的兴趣是什么？他们的需求是什么？他们学习的动力是什么？

教师标准1a可能的证据来源：

- 学生与教师的双向反馈，这些反馈能展示你如何支持、促进学生的发展，以及他们如何对此做出反馈；
- 父母/监护人或者社区参与各种活动、互动和交流。

1b：为不同背景、能力和性格特点的学生设立适合和具有挑战性的目标

受伯明翰罗宾汉小学的一位前同事的启发，在本书中，我们将反复提及以下改编过的口头禅："吸引学生。如果他们已经掌握了，就让学生转移方向。"总之，如果学生对一个理念、想法或者应用方式有一个完整的理解，他们应该得到挑战。这个想法在教育领域已流行多日，修订后的教师标准要求确保所有学生的挑战处于良好状态和关注个体需求的最新状态，这是有效实践的一个重要方面。

在与实习教师讨论学生接受挑战的想法时,所有学生都提出了以下几个关键问题:

- 我如何计划挑战?
- 挑战是什么样子的?
- 如果他们比我希望的更早完成,是不是意味着要做更多的工作?

作为一个起点,我们首先会考虑教师所知道的"布鲁姆的教育目标分类"(Bloom et al.,1956),随后将更深入地研究上述问题。

布鲁姆的教育目标分类

20世纪40年代,一群研究人员试图对教育目标进行分类。如福汉德(Forehand,2012)指出:

"他们的目的是研发一种囊括各种思维与行为学习目标的分类方法,这种分类方法对学习过程来说是非常重要的。最后,分类框架包括三个领域:

认知目标——基于知识的领域……

情感目标——基于态度的领域……

技能(操作)目标——基于技能的领域……"

福汉德(2012)随后用"阶梯"状来描述这些目标领域的层次级别,一个从较低层次到较高层次思维的层次结构:"最低的三个层次是:知识、理解和应用。最高的三个层次是:分析、综合和评估(Orey,2012,p.41-42)。"这个教育目标分类也被形容为"一个我们期望或计划让学生因教学而学习的分类框架"(Krathwohl,2002,p.212)。

这种分类系统被称为"布鲁姆的教育目标分类"(Bloom et al.,1956)。自此,不同修订版本的分类也相继出现(Dave,1970;Harrow,1972;Anderson and Krathwohl,2001)。适应性也在教育情境中被反复强调和使用。安德森和克拉斯沃(Anderson and Krathwohl,2001)的知识水平矩阵(matrix of levels of knowledge)提供了一个二维的交叉引用网格、整合主题和认知过程,详细内容将在第四章介绍。在第四章我们将研究什么是实践中对分类解释的主体。

布鲁姆的教育目标分类(Bloom et al.,1956)以最简单的形式考虑了从低级到高级的知识链,即知识、理解、应用、分析、综合和评估等。用金字塔形式显示,知识在最底层,评估在最高层。

第一章 为调动、激励和挑战学生能力设定高期望值

在金字塔顶端的学生表现出更高的技能和知识,而在金字塔底端的学生想要获得进一步的发展,则需要培养较高级的技能和知识。当然,如果学生成功地应对了挑战,也会影响目标设计和问题规划。

> 小贴士:使用布鲁姆的教育目标分类(Bloom et al., 1956)作为创造学习目标的工具,需要考虑目标分类中使用的动词,例如,创建一个静物图像。此外,应该设计问题和挑战任务来促进各种思维品质的形成,例如:你是如何创造你的静物图像以及评估合作伙伴的静物图像的?

现在我们已经讨论了如何使用布鲁姆的教育目标分类,我们再次回到前面提到的重要问题,即关于所有学生在所有课程中的挑战。

挑战:我怎样计划挑战以及它是什么样的

计划挑战应嵌入优秀的实践中,而不是简单地添加一个教案。也就是说,学生小组或学生个人的挑战应该被规划在教案中。下面是一个简单的指导学生迎接挑战的步骤:

1.考虑你班上的每组学生或者单个学生的预期成果。

2.设计能促进学生获得预期成果的活动和问题(创建能支持该项目标达成的"成功标准")。

3.考虑可以帮助学生进入下一阶段的活动、问题以及学生能独立参与到活动和问题中的方式。

因此,计划挑战可以像步骤1、2、3那样简单。表1.1的教案示范了如何确定学生受到挑战的方式,当然,你也可以选择适合你个人风格以及你学生年龄的计划。

挑战的计划将取决于个体所在的环境和其他如学生年龄、经验、能力、自信等因素。重点是你指导学生自主参与挑战的方式,能让学生用一种积极的方式来看待自己。如果这种方式合适并且学生的意志力较强,尽管通过提问来巩固学习是一种从预期成就到挑战性成就的良好过渡形式,能力较低的群组也许能逐渐简单地向能力较高的群组前进,这也使教师能够系统地评估学生的进步。

> **小贴士**：学生一旦获得了预期成就，教师在教室里应安排有区分性的挑战，并且允许学生自主接受这些挑战，为完成挑战的学生添加一些竞争和奖励机制。最重要的是，确保所有学生都能够获得符合他们需求的挑战，需要强调这对每个学生都"公平"。让挑战变得富有趣味性且具备目的性。

表 1.1　学生接受挑战的案例

数学的重点：解决问题（与主题相关）			学期：夏季	
目标： 我能解决需要两步操作的问题、我能计算出一位数乘以两位数	**前阶段学习**：帮助学校处理账单的项目（两个课时的第二部分）。一位数乘以两位数上周已经仔细教授过，但现在需要确保他们能把这个技能应用到现实生活问题中 **资源**：电力活动 **目标**：与学生合作完成目标 **主要部分**：支持有困难的学生 **全体**：任何需要支持的特殊孩子 **目标学生**：高年级学生X、Y和Z			
	预期成果	复习	重点学习活动	报告
		2~3分钟	30~40分钟	5分钟
T	学生能应用他们的知识，并且能运用乘法知识和逻辑学解决真实情境中与主题相关的问题 预见活动结果	**回顾昨天的目标：** 学生回答、打分，并且完成发展性任务	**主要教学** 介绍问题：学校电费太高！本课最后的挑战是帮助学校的财务经理减少花费。介绍我们每天花费最多的项目表。提醒孩子留意瓦和千瓦，这向我们展示了什么？我们如何计算每一个项目所用的总电量？以灯具使用情况为例，如果每千瓦电费为8便士，我们将如何计算出灯具使用了多少电量？分组讨论。讨论乘法方法。谁能提醒我如何陈述（开始）乘法？孩子们写在白板上展示：	**活动** 关于如何减少花费的建议以及这样将会节约多少钱？ 参照目标并加以证明

续表

预期成果	复习	重点学习活动	报告
T	智力测试/口试 5分钟 8倍表。两个是对的,两个是错的,两个或许对或许错 学生需要讨论表格的可能性并且在白板上解决"pounce 和 bounce"的问题:所有8的倍数都是偶数吗?	明白了吗?转向小组活动: MA:计算其他项目的成本 HA:计算其他项目的成本(随着时间的推移差异和瓦的换算) LA:计算基数为10的其他物品的成本 还不明白? 通过询问和支持确定孩子的学习情况——教师支持 挑战: MA:如果……我们可以节省多少钱? HA:通过减少项目的时间长度,运用推理支巧和逻辑方法将每日账单减少到5英镑以下 干预: TA 与 X、Y、Z 合作(干预任务和向 TA 提出问题)	反思问题 关于解决这个问题你会提出何种建议? 你同意吗?为什么?我们如何计算出……? 如果……我们将会节约多少钱? 下一步: 用数据处理关于钱的问题

正如比尔(Beere,2012)所说的那样,大卫(David)提出了连续模型,设计出了帮助学生理解他们学习的不同阶段和他们渴望到达下一阶段的方式。以布鲁姆等人的研究为基础,这种连续模型显示了简单的数列,即从一个起点到高水平思维和特定目标的衔接。这个模型的改编如图1.2所示。

通过类似模型的使用,学生可以独立判断他们的下一步计划并自主参与挑战。对于年龄较小的学生来说,除了成年人的支持外,使用替代文字的视觉图像的支持卡片也是有效的。对于年龄较大的学生来说,同伴支持和身份认同这两个因素之前已经得到确认,为了在更大的成功之旅中吸引学生,可以引入竞争机制。

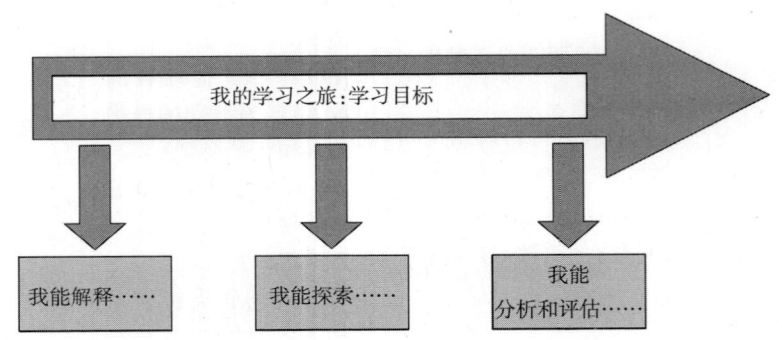

图1.2 大卫(David)连续模型的改编(Beere,2012)

如果他们在预期之前完成工作,我是否就不用再多做点工作?

当然不是这样的,拓展性活动和挑战性活动是不一样的。前者也许仅仅只是巩固现有的知识和技能,除非这些活动中含有挑战性的内容。为了促进学生的发展,拓展性活动和挑战性活动应该始终和学习目标相关联,并在现有成就的基础上继续发展。如前所述,重点是要让挑战以各种方式出现,不一定需要成为一种独立活动。

下面提供七种非常好的挑战方式:

1.一系列问题:向学生提出具有挑战性思维和探索更深层次答案的问题。尝试使用一个简单的提问工具,如枢纽问题(hinge point questions;Beard,2011)。根据比尔德(Beard,2011)所述,该问题提供了以不同方式上课的机会,并且能帮助教师判断学生的需求,这样他们就可以做出相应的调整。通过评估这个目标,教师可以通过提供量身定制的方式对学生的学习产生显著的影响(Beard,2011)。

2.参与活动:确保你正在设计的活动,能够吸引学生以及鼓励他们为了获得成功而努力。了解他们的喜好以及是什么让他们专注学习的。

3.独立探索:让学生进一步探索,可能会用到课本或者设计调查性的问题。

4.技术增强学习:要求学生使用技术扩展他们的学习——他们非常擅长独立使用技术。

5.让学生参与过程:确保他们清楚自己的学习目标以及为了获得更多进展而需要进行的下一步举措。

第一章　为调动、激励和挑战学生能力设定高期望值

6.方案的选择：如果有选择权，学生会更积极地参与活动。让学生选择他们的挑战，并在具备条件时为同龄人设计挑战。

7.灵活：倾听学生反映的事情并根据他们的个体需求灵活反馈。记下新获得的成就和个人的成功(惊喜)。

激励学生。如果他们已经获得相应成就，就鼓励他们进入下一阶段的学习。

实践案例——教师标准1b

杰米(Jamie)

杰米鼓励学生独立应对挑战。杰米为每个随着主题更新的课程领域创建了一个"挑战包"。一旦学生完成了至少一个为特定课程设计的挑战，他们就会被鼓励接受其他课程领域的挑战。挑战性内容是用方便儿童使用的语言编写的，并且在课本中用到了大量图片。对于阅读有困难的学生，如果有需要的话，杰米会安排他们与能在特殊场合为阅读提供帮助的"阅读伙伴"开展合作。

爱丽丝(Alice)

像所有的优秀教师一样，爱丽丝满足了她班上所有人的需求。爱丽丝设计了一个显示墙，上面粘贴了她学生的图片。她鼓励学生们在校期间为他们的图片加上便利贴。绿色便利贴代表他们的成功，红色便利贴代表挑战。鼓励学生绘制或写出他们获得的成就。杰西卡在午餐后及放学的时候及时建立个人学习需求，确保所有学生在结束每周的最后一堂课时都参与了一对一的讨论。爱丽丝在笔记本上记录下讨论内容，学生们都感觉被赋予了独立解决问题的权利，并且为取得成功而努力。有时候，爱丽丝会邀请家长或者监护人分享这些学生早上或者放学后的学习讨论内容。

参照教师标准1b进行实践时，你需要考虑以下几个关键问题：

- 你对挑战的定义是什么？你在日常课程计划中的应用方式是什么？
- 你如何了解你的学生，知道他们不同的需求，以及这些是怎样影响你的日常实践的？
- 为了确保所有人都能获得挑战，你采取的策略是什么？

教师标准1b可能的证据来源：

- 学生的反馈；
- 对前一组学生和后一组学生的预期；

- 评估数据；
- 规划；
- 全校数据集；
- 学生进度数据。

1c：持续展示出积极的态度、价值观和行为，并对学生给予同样期望

教师是榜样。正如教师标准第二部分（DfE，2013a）所说："教师职业以公众信任为支撑，并在学校内外保持高标准的道德和行为。"

总之，你需要展现你对学生的高期望，也需要你的学生达到高标准的态度、价值观和行为。虽然积极的精神气质可以在课堂环境中培养，但找到证明这种精神气质的证据并不容易，因为这是教师日常做的事情。作为专业人员，教师会在日常实践中模仿积极的行为，那么从哪些地方能找到支持这些特征的证据呢？

学生行为

一个教师的价值观和标准，通过教师走进教室就可以了解很多。学生是如何管理自己的，他们是怎样参与学习的，他们和其他人是怎样进行更有针对性的互动的，还有教师是怎样与学生进行互动，这些都是"教师标准1c"的证据——而这一切都没有通过观摩教学或者与任何人的交谈。我们将在接下来的章节里深入讨论，考虑以下的简单步骤则是非常有用的：

- 任何时候都鼓励教师采取适当的、积极的、能激励学生学习的行为。
- 对行为有明确的期望，并将这些期望清楚地传达给学生。在表达这些期望时，通过分享优秀的范例以及模型，确保学生明白为什么是这些期望以及为什么它们能帮助他们获得成功。
- 微笑，平易近人。
- 快速并且适当地严肃处理不恰当的行为。
- 将行为带入学习中。
- 使用正强化。

正如比德尔（Beadle，2010，p.9）所言："把小事做好，就不会出现大问题。"确保你对规则、日常活动和期望都是清楚的，永远不要言行不一。规则必须实施，而且

必须让学生清楚为什么它们是正确的,这些规则是怎样影响他们自己和周围人的。正如比德尔(2010)所建议的那样,永远不要降低你的期望,你更有可能在促进学习的积极行为方面取得成功。简而言之,不要因为特殊的个体或者特殊的课程而不抱期望,应在公平对待学生的同时真实对待自己。

奖惩机制

学生获得奖励时应该给予鼓励,并且应该让所有人都知道,让学生在你的课堂里感到自豪。定期关注积极的行为态度,始终保持和培育积极的班风。确保规则是为学生而制订的,并且让学生参与制订过程,保证所有的学生都清楚这些规则。

班级和学校的价值观

确保班级价值观与学校价值观相一致,并确保所有学生都了解这些价值观。用宝贵的讨论时间作为与学生达成一致意见的媒介,并经常提到这些价值观。听取学生的意见是非常有必要的,和他们讨论价值观与期望也是非常重要的。最重要的是,确保学生明白它们的意思并且知道如何实践。此外,对那些不遵守达成一致的班规的学生要给予明确、适当的惩戒。

出勤和准时

这点在班级里是非常重要的。确保你正在做的一切能促进学生及其家长/监护人的高出勤率以及准时性。通过给予学生独立参与的机会激励学生,鼓励学生提前来到学校,允许学生有选择权以及协同工作学习。如果你布置的环境合适,可以考虑和你的同事一起工作。如果学生愿意的话,允许你的学生在教室之间自由走动,以便于他们能和朋友及其他的成年人一起工作学习,这是一种能帮助你最大限度地发挥潜力,全方位地教育学生的方式。奖励赞美那些有规矩的、出席率高以及准时的学生,用奖品鼓励学生。正如比尔(2012,p.42)所说:

学习是一种情感体验,这是神经科学的基本原则。没有什么比你以及你在教室散发的气场更重要,这包括你与学生的关系以及你对自己作为一名优秀教师的信念。

相信你的教学能力,相信你能让学生参与学习。成为一个优秀的模范不仅是一个艰巨的任务,也是一个有效教师的基本品质。值得注意的是,这正是作为教师的你在培训中需要做的一件事,并且你应该知道在课堂上如何以高期望和积极的价值观自信地展现自己。

实践案例——教师标准1c

泰（Tai）

泰在教室摆放了由学生创作的如真人一般大小的教师和学生。泰鼓励学生识别他们各自的重要品质、行为和价值观，允许学生和这些陈列品互动交流，并且把他们对同伴的看法记录在能粘贴在显示屏上的纸条上。显示屏被当作一种正强化工具包，定期展示学生们所记录的内容。学生互相查阅显示器展示的内容，它也被当作休息和晚餐时间特别有用的工具，而这个时候具有挑战性的行为也许会发生在课堂环境之外。

特雷弗（Trevor）

特雷弗通过把"为什么我很棒！"的个人档案放在学生桌子上的方式，证明他重视班上的每一个人。档案袋里有学生的照片和班上其他学生对这个学生价值观、行为、内在品质的积极评语。在创建个人档案时，鼓励学生对班级的价值观进行反思。档案的复印件会被带回家给学生父母/监护人看，特雷弗的宿舍旁边也摆放着一份教师个人档案。

参照教师标准1c进行实践时，你需要考虑以下几个关键问题：

- 你如何设置你的课堂环境以展示你具备高标准的态度、价值观以及行为？
- 你通过做什么来提升自己积极的态度、价值观和行为？你又如何让你的学生知道你正在这样做呢？
- 你能通过哪些方式让父母/监护人参与这个过程？
- 如果我们去参观你的与教师标准1相关的课堂环境布置，我们会看到什么呢？

教师标准1c可能的证据来源：

- 学生学习期刊；
- 陈列品；
- 学生行为；
- 正强化策略；
- 与课堂实践直接相关的学校政策；
- 学生积极参与学习和与他人互动；
- 当学生意识到事情做错了的时候，为了找到解决方案，他们能独立找到有用的解决策略；
- 同伴调解员：当遇到难题的时候，为了找到解决问题的策略，尝试建立一种培养学生作为调解员的班级制度。

第一章　为调动、激励和挑战学生能力设定高期望值

本章小结

　　考虑你的班级环境创设以及学生每天学习的环境布置。你如何通过环境因素支持学生的学习、迎接挑战和最大限度地激发出学生的潜力？和你的学生一起讨论和布置班级环境，让学生知道他们是有价值的，应当受到尊重，同时也指导学生尊重他人。在计划目标即将实现时，帮助学生有信心定下更高的目标，定时赞扬学生取得的成就，始终表现出你希望学生展示的、和学校安全政策相一致的行为、态度和价值观，并且引导他们理解这些要求对他们的影响。为学生寻找最优化的机会，在每一个机会里都展现出积极的行为、态度和价值观。通过你的面部表情、肢体语言以及积极的评价让学生知道你在为你的学生以及他们的成就感到自豪，帮助他们明白怎样才能成为最好的自己——你自己就是一个好榜样。

第二章
促进学生发展与取得良好成就

教师标准2——促进学生发展与取得良好成就：

2a 对学生的知识、进步和成就负责；
2b 以学生的能力和已有知识为基础计划教学；
2c 指导学生反思他们的进步与当下的需求；
2d 论证学生学习和理解知识的方式，以及这些方式是怎样影响教学的；
2e 鼓励学生对自己的工作和学习采取认真负责的态度。

这是什么

通过规划、教学、监督和评估等方式支持学生取得最好的成就,是这条标准的重要原则,它要求教师积极主动地为每个孩子的持续发展负责。正是在课堂上了解了孩子,教师才能知道孩子的需求,记录他们的发展成就并且规划下一步的学习计划,使学生能够得到提升和发展。只有更好地理解学生的学习方式,教师才能明白支持学生成为自主、自信的学习者的重要性。

如何体现

你能通过许多方式找到证据来支持这个标准。首先,了解你的学生是至关重要的。随着时间的推移,你会对他们的兴趣和需求有很好的了解,在你的教学计划里可以体现这一点。评估记录能用来展示你采取的干预措施或策略的影响,对学生的反馈也能提供有价值的进展证据,包括打分、设定目标以及学生对反馈的反应等。思考你如何使用同伴评价以及提供什么机会,以便支持学生论证他们的理解。通过为一个学生提供一些他向其他学生解释某种事物的偶然机会,你能收集到有价值的信息。因为如果他们理解了一个知识点,那么他们将能够用自己的话向其他人解释。其他比较正式的证据也能被使用,例如考试或者学业能力倾向测验(SATs)结果或者早期基础阶段(EYFS)的数据信息。另外,你必须要思考你将如何呈现你对教学的理解,这也许能通过你组织课堂的方式、学习方式和教学活动展现出来。你为什么决定使用这种方式?它是如何借鉴你重视的学习理论的?

章节概述

当你决定把小学教师当作一个职业的时候,就表明你对儿童事业的责任和真正的兴趣,希望在他们成长发展的道路上给予支持。那么,若你对帮助孩子取得成就也很感兴趣,并且经历他们取得成就的过程,这些会成为你教师职业生涯中的最有价值的部分。教师处在一个非常具有优势的位置,在这个位置上他们起着榜样的作用,影响着一个孩子的生活并且很有可能会成为孩子在以后的生命中都会记得的一个人。作为一名教师,你是非常幸运的,因为你能分享孩子的进步以及帮助他们学习,直到他们做好了独立的准备。维果茨基(Vygotsky)的理论强调获得持续支持对学生学习的重要性,他把这个称为最近发展区(the Zone of Proximal Development，ZPD）。维果茨基认为，只有获得一个知识丰富的人的支持，直到学习者能够自己学习，学习者才能取得进步（Cooper，2014）。

本章的考察重点是教师如何对学生的进步负责，以及同伴支持与团队合作意识被视为实现进步的重要方式。本章将会讨论四个主要的标准：

- 对学生的进步负责；
- 了解学习者，并且通过教学计划和活动展示，确保学生的需求得到满足并取得进展；
- 创建积极的环境，这个环境能支持学生变得独立以及反思他们的学习；
- 了解学习理论，不仅要知道你需要做什么，还要知道你为什么用这种方式来做。

教师标准2的讨论包含了理论与实践的结合，并且会给你列举具体的案例以供参考。你也可以把参考资料和资源当作附加的资源来利用。课堂上最幸福的时刻是学生取得进步以及继续向前学习的时刻。你的角色是行使所有权并确保每个学生都能取得进步。这似乎是一个艰巨的任务，但是当你看见学生取得进步的时候，这将是你最值得回忆以及最有价值的东西。

分述再总结

在我们探索每个小节时，我们会考虑真实的实践状况，以及你将如何实施整个标准。最重要的是要记住，这些小节并不是孤立存在的，也许证明了一个小节的标准，你就能联系其他部分的内容以及其他的标准。

2a：对学生的知识、进步和成就负责

教师知道他们该怎样对学生的知识、进步和成就承担责任。这将通过实施一系列正式或者非正式的程序来检测进步情况，并对教学以及学习进行评估。

责任

教师是一个负责任的职业。当你考虑你不仅要对校长以及州长负责，还要对所教的孩子以及家长负责的时候，这看起来似乎是件可怕的事。伊万斯（Ewans，2014）指出这个职业也是要对公众负责的，同时卡林福德（Cullingford，2010，p.77）

指出,"责任是无处不在的"。然而,作为公众领域的职业,你不需要遭受威胁,通过你的日常实践就能够证明你是怎样承担责任的。作为专业的教师,你致力于帮助学生取得最好的成就,你会对学校的政策规程加以考虑,并且致力于校风的建设。你将会比任何人都了解你自己的班级,收集到很多孩子的信息。这些信息也许是来自你个人的观察,也许来自家庭、同事的观察。你收集证据资料的方式,将会为你提供积极主动和负责任地收集数据的宝贵实践案例,这将帮助你为所有的孩子做出规划,以帮助他们激发潜能。收集和保存结构良好的关于孩子所取得成就的记录是很有必要的,这将能为你的责任心提供证据资料。

成就

我们已经强调过教师对学习者的承诺,但是也需要认识到学生对学习承诺的重要性(Hayes,2009)。简单来说,成就就是意味着你达到了自己设定的目标。学生如果想要达到他们的目标,就需要参与到他们设定的目标中,并且他们也需要完全明白他们该怎样才能实现目标。教师在帮助他们设定目标时起到了非常关键的作用,他们能通过使用设定目标的策略以及和学生分享目标等方式,证明他们是怎样支持学生的进步的。最开始,你将会使用一种评估方法来评估学生知道的东西以及他们需要做什么,也许是一次写字活动、实践活动,也许是一次和学生的讨论活动,最终目的是提升学生的知识掌握水平。和学生讨论能够激发他们学习的兴趣,这也能用来鼓舞学生,实现他们提高学习成绩的愿望。你如何鼓励学生专注于他们自己的目标也是同样重要的。例如,这些目标都被展示在教室里,或者在上课之前就已经制订了学习目标。识别学习的下一个步骤对学生来说是棘手的,为了确保每个层次的学生都能获得成就,教师可以把学习分解成可以管理调控的步骤。课程框架能当作一个使学生不断进步的指南,也可以和科目协调委讨论。

在整个教学过程中,通过问一些如"哪一部分的目标你最有自信完成"之类的问题,鼓励学生反思他们达到目标的程度。你对学生取得的成就的评价能成为学生取得更大进步的动力,作为你是怎样支持学生、帮助学生认识到他们能把什么做好以及他们在下一步主要做什么的证据。

进步和成就

考虑如何为所有学生的进步创造和提供机会,我们主要关注三个重要的方面——学生的进步空间、进步的速度以及学生的自信。

第二章 促进学生发展与取得良好成就

学生的进步

首先,教师需要确保每个孩子都能获得良好的发展。为了让孩子获得这样的发展,在一个有30个孩子的班级,采取不同的教学策略不是容易的任务。在教师的教学生涯早期,教师认识到他们不可能同时给予班上每个孩子以同样的关注。当教师和一个小组一起工作时,其他的小组将会独自工作,但这并不代表其他小组的学生不能取得进步。思考教师该如何组织学习,使那些独立的学习者能够获得进步,这也许能通过计划好的活动、具体的目标或者是资源的使用而达到。当教师对孩子的进步有一个清晰的判断,就能够识别和解释测量进步使用的技术。这很可能包括了形成性评估方法进行频繁的检查,例如课堂提问、观察以及对学生的反馈等。有效的证据包括通过使用追赶或者干预策略加速学生的进步等,通过这些方式,可以用证据来说明如何规划每个孩子的需求,并明确地表示所有学习者都应该达到的高标准。

进步的速度

优秀的教师可以在课堂教学上保持良好的速度。这就像开车一样:速度太慢,你会到不了目的地,但如果加速前进,你可能会错过重要的路标。在任何学习阶段,学生都应保持合适的学习速度。如果课程开始的速度很慢,并且以这样的速度持续了很长的时间,学生会变得没有耐心和失去注意力。但是,如果速度太快,学生会变得沮丧,因为他们没有足够的时间去吸收信息。所以,教师需要明白,速度不等于加速。通过时间的计划,教师能够确保让一个活动不会持续得太久,也不会结束得太快。为了让学生意识到该时间段中教师对他们的期望,可以通过计划展示如何概述已经分享过的课程。

学生的信心

最后一点要考虑的是建立学生的自信心。有一句谚语说道:"直到开始行动,你才知道你能成功。"但是"开始"对那些没有自信的学生来说是困难的。教师的作用是对症下药,例如使用同伴支持促进学生参与以及鼓励学生持续学习。测量一个学生的自信是困难的,但是观察学生是怎样工作和捕捉他们表现的变化却是有可能的,这些变化可能意味着学生对某个概念有更自信的理解。其他可以被证明的方式是考虑说话的语调以及鼓励的话语,这也许是所有学生尝试完成某件事以及获得成功都需要的东西。承担风险以及创建积极的学习环境的方式是值得考虑的,如教师的学习模型等。建模可以提供一种有效的策略,因为它与学生的认知相关。教师首先要布置建模任务,学生以自己的速度执行任务,然后评估任务:"建模能够增加对实现任务的认知,并且对于教师来说,让学生认识到在学习时犯错不仅是不可避免的,并且犯错也是一种机会,这是非常重要的。"(Robins,2012,p.125)通过观察教师是如何思考的,学生会模仿这种学习行为,然而这就是非常有帮助的,这种想法是以社会建构主义学习理论为基础的。维果茨基(1962,1978)和布鲁纳(Bruner,1986)都致力于发展社会建构主义理论,在这个理论中,语言和社会交往都是支持学生构建知识以及理解知识的重要工具。(Cooper,2014)

小贴士:形成良好的以及轻松愉快的上课氛围会帮助你确保一个适宜的上课速度。请记住,学习的速度和深度都是进步发展的组成部分,有效的提问将帮助你确定哪些学生"明白了"教学知识,哪些学生需要巩固理解。

实践案例——教师标准2a

艾维(Evie)

艾维在她五年级的班上使用一系列形成性评估方法来确定学生理解的程度。在她的计划中,准备了一系列不同的问题,她会对特定目标的学生使用这些问题以鼓励他们进行深层次的思考,并且为学生提供表达他们的理解的机会。艾维通过随时的记录和进展跟踪来监测成就。

查理(Charlie)

查理是一名早期教育教师,他使用平板电脑上的应用程序来捕捉和记录学生的进步,并且鼓励其他教师也这样做。这种方法让查理能够跟踪学生的学习进度并且使用观察册子创建每个学生的进展报告,确保他的教学计划是以学生已经拥有的知识为基础的。这些信息可以帮助查理对下一节课进行合适的规划。

第二章 促进学生发展与取得良好成就

参照教师标准2a进行实践时,你需要考虑以下几个关键问题:
- 你如何了解是什么在激励你的学生学习?
- 你如何使整堂课保持一个合适的速度?
- 你用什么文件来确定学习的下一阶段?
- 学生来自哪儿以及你将在他们的学习之旅中带领他们去哪儿?
- 你期望把哪些记录当作学校政策的一部分?你期望保存哪些反映学生进步的记录?

教师标准2a可能的证据来源:
- 评估记录,包括正式的(形成性测试)以及非正式的(非正式反馈);
- 学生反馈,包括学生对他们目标的评价;
- 观察笔记;
- 学生的进步以及教师的跟踪记录;
- 绩效监督检验;
- 学生进步会议的记录;
- 干预以及赶超计划——行动和影响的证据;
- 个别教育计划评估;
- 课本审查、打分;
- 计划(数据差距的分析与解释);
- 早期基础阶段个人档案数据(EYFS profile data)。

2b:以学生的能力和已有知识为基础计划教学

　　这一节的内容是关于如何通过已知的学习教授新知识,以及教学如何最大限度地挖掘学生的潜能。研究显示,后继的学习大部分来自已有的知识,因为这能帮助学习者在新内容和在他们已知的知识间建立联系(Daniels,1993)。了解这一点对教师来说是必要的。如果学生的知识充满了错误的概念,这对他们之后的学习会造成消极的影响,因为这也影响着学习者如何看待新的知识信息。你在纠正这些错误的知识概念的时候,就是在帮助学生取得进步。一种发现已有知识的有效方法是以复习的方式开始一节课,这能激活学生学习和理解新的知识。有计划的课堂检查会帮助你清楚地掌握学生对知识的理解情况,而不是让错误的知识概念继续存在下去。你可以考虑利用已经打过分的工作或者之前的测试结果,来帮助你了解学生掌握了哪个阶段的知识情况,但是还需要持续的检查,通过和学生的讨论确保他们已经完全掌握了这个知识点。使用形成性评估策略追踪学生的日常进步,这能帮助你对学生的进步做出一个自信的判断。

在你的教学中,有时候你会要求学生应用他们所学到的新知识,例如拼写和应用一个新单词的词素。让·皮亚杰(Jean Piaget)的学习理论阐述了小孩子怎样通过整合已有的知识以及新知识,创建一个图式或者脑图使他们的世界变得有意义:图式就像从先前经验得出的发展模板,转变为可以重组的信息。这意味着人们不需要每次都重新诠释世界。(Jordan et al.,2008,p.43)

当教师使用这些策略来支持学生发展他们的图式,以及提问和提出意见让学生反思时,他们鼓励认知发展。这个过程帮助学生拥有自己的想法,以及在自己的学习中建立联系。同时,教师需要注意他们不是把自己的想法强加给学生,因为这不能让学生掌握概念并形成自己的知识(Jordan et al.,2008)。

了解学生已有知识的另一种方法是查看学校的系统。访问学校系统,即信息从一位教师到另一位教师的传递是一个比较好的方法;一些学校会专门为这个目的举行会议,或者有一些教师会通过非正式的方式就学生的兴趣和需求开展交流和讨论。这些都会为你提供那些即将成为你学生的人的宝贵信息。

> 小贴士:你的学生来上课时已经不是一张白纸,他们已经拥有了丰富的知识。在新学期开始之前,从你的同事或者学生父母那里尽可能地了解学生的情况。然后继续通过观察、提问和讨论慢慢了解他们。

实践案例——教师标准2b

洛伊斯(Lois)

洛伊斯计划在她二年级的班上上一节科学课,这是关于植物及其生长的六节系列课中的第一课。她利用从先前的教师那里得到的信息,确定学生已经学习到哪个知识点,但是她意识到关于植物的最后一课已经结束了一段时间。洛伊斯很想知道学生是否还能记住和理解之前学过的内容,她设计了几个活动来评估他们的知识。首先,她通过要求学生画出他们了解的植物的思维导图的方式开始课程,这能让学生在一个受到支持并且没有对错之分的环境里回忆他们的理解。这给了她很多的关于每个孩子所掌握的植物知识的信息,然后她让学生组队工作,向他们的搭档解释他们的思维导图,这进一步为她提供了检查学生已有知识和记录他们的错误知识概念的机会。课程结束的时候,为了修正一些她听到的错误知识概念,洛伊斯进行了问题的讨论,她用这些评估信息计划下一次课,如此一来,教案就是以学生已有的知识经验为基础计划的。

杰克(Jack)

杰克的班上混合了三年级和四年级的学生,总共有24个学生。这一课是解决乘法问题,这是第三次课。杰克对从上次课得出的信息做出评估,确认了每个学生的理解水平。除了做标记工作外,他还做观察以及使用助教提供的关于她和学生小组共同工作的记录。就杰克的计划来说,他能够证明他是怎样把学生已有的知识考虑进教学计划里的,并且他的标注表明他已经做出了评价。为了使一个他已经做过评估的、确信对知识概念十分了解的特定小组的学生接受挑战,他已经调整了这次授课中的一些计划活动。

参照教师标准2b进行实践时,你需要考虑以下几个关键问题:

- 你是如何追踪和记录学生已知的知识来确保你能自信地判断他们已经取得了进步的?
- 为了检验已有的知识,你在班上为学生创造了哪些机会?
- 为了让学生能够互相分享已有的知识,你是怎样在教室里组织学习的?
- 为了确保从一课到另一课的连贯性和连续性,你是怎样进行课程之间的联系的?

教师标准2b可能的证据来源:

- 形成性评估策略;
- 显示重要问题、差异化的活动、干预措施的课程计划;
- 观察笔记;
- 设定目标;
- 教育计划、注释;
- 个人档案数据;
- 追踪记录从以前的教师那儿获得的信息,以及你如何使用这些信息的证据;
- 早期基础阶段的个人档案;
- 记录你和其他的教师是如何一起工作的,例如行为支持团队、教育学心理学家等。

2c：指导学生反思他们的进步与当下的需求

为了理解本节，你需要掌握反思实践的概念、理念和原则，以及对怎样支持学生参与学习及其影响的理解。要做到这一点，教师需要通过自己的实践来证明。这里的实践指的是他们使用一些策略来支持学生认识到他们取得的成就，以及能够说出他们在下一阶段的学习中需要做什么来提高学习成绩。

反思

"反思的内容很大程度是指我们已经知道的东西，经常是指为了获得进一步的见解，重新组织知识和情感取向的过程。"（Moon，2004，p.82）对于所有学习者来说，成功学习的关键是解决问题，并能够反思经验和有意识地考虑经验和学习的相关性。作为一个优秀的教师，你应该支持你的学生学会反思。反思的概念一直被争论，穆恩（Moon，2004，p.80）认为："反思，作为一个过程，似乎其概念是关于学习和思考的。"这个概念指的是学习是反思的结果。在教室里，教师支持学习者参与学习分析和评估学习的过程变得非常的重要。为了做到这点，你需要对反思有良好的理解。作为一名教师，你也许会很自然地进行反思，我们都在不同的时刻用不同的方式反思。有些东西教起来并没有那么容易，然而，我们能在我们的教学中通过活动和策略帮助学生用他们自己的方式进行反思。正如迈克韦迪（McVittie，2012，p.11）所说："反思是一种过程而不是结果，许多的理论家在反思的层级中，都把思考反思的过程放在他们研究的中心地位。"当提及反思的层级时，布鲁姆的分类学有一个重要的模型，这个模型是他在1956年提出来的，为了鼓励学生更加深入地思考，如今仍在教室中得到广泛的使用（Hayes，2009）。该模型包含了六个类别，能用来支持教师提问，而这些问题对学生的要求一个比一个高，需要学生进行更多的复杂性思维。这六个类别分别是知识、理解、应用、分析、综合和评估。问题的设定是以高阶思维能力为基础的，教师用它来鼓励学生反思他们的学习。在你的计划中，可以证明你是如何考虑为特定的学生采取哪些问题解决办法。教师能够通过提供新环境评估"应用"的使用，在新环境里学生不得不重建一个问题，找出解决问题的最好方法，从而证明迁移（Moseley et al.，2005，p.49）。布鲁姆的分类学在本书的第一章已经详细介绍过。考虑反思的层级的同时，教师角色中的其他重要部分是掌握让学生参与到反思过程中的方法，这是接下来要考虑的问题。

让学生参与到学习中

教学计划的一个重要部分是教师如何让学生参与到学习中。这不会自然发生，它需要教师花时间去创建一个充满信任和尊重的环境，在这个环境里，所有的学习者都能感受到他们能对班级做出贡献。一个积极的学习环境能帮助学生意识到所有的贡献都是有价值的,并且积极的参与也是被迫切需要的。学生在学习过程中不是被动学习的,而是参与到做决定、解决问题以及提问和回答问题等过程中的。为了获得进一步的发展,可以通过为学生提供同伴评估和自我评估的方式来确认他们做得成功的地方。用学生的语言分享他们的学习目标能帮助学生理解他们学习的东西,以及了解他们在学习上会遇到的问题,并且可以明晰他们下一步的学习目标。在评分和反馈的过程中,教师和学生以及学生之间的交流和谈话能更有效地发生。这不仅有助于加强教师对学生参与学习以及做出贡献的期望,而且也是一种增强学生自信的好方法。在结束一单元的学习任务时,让学生对他们的进步做出评价也是很重要的。例如,在设计与技术课程单元结束后,可以给出一个制作车辆的例子。在完成车辆模型后,要求学生记录他们喜欢这个模型的哪些地方、制作模型的挑战以及他们会做出哪些改变。整个课程的学习过程为学生创造了很多分享他们工作经历,以及解释他们哪些地方做得好和接下来需要做出哪些改善的机会。通过这些案例可以看出,反思是学习的一部分,而不是目标,它是教师在教学和组织学生学习时需要考虑的有效课堂实践。

参与和所有权

为了保证学生取得进步,教师和学习者应该共同负责,发挥积极的作用做好分内的事。课堂体验应该是参与学习、赋权学习和增强学习的过程,参与学习可以鼓励协作学习和促进积极学习。积极学习是任何课程中的重要组成部分,有人认为神经连接的增加和学习的增强是有联系的。积极学习时大脑会产生更多的联系,这是因为学生参与了学习并建构了他们的知识。一个有效课程的重要特征包括互动和积极的学习,学生不是被动学习,而是可以控制学习,这种体验能给予学生一种赋权感。

掌握自己的学习进度能调动学生学习的积极性,因此学习中最重要的进步发生在学生自主安排自己的学习任务时。例如学生把电脑程序的复用当作团队工作、数据收集和解释的重点,电脑能去掉工作中冗繁的手动程序,不再花费大量的课程来画图表,以便于学生能够获得高层级的智力开发。使用电脑能够做得更快,因此学生能够把更多的时间用在反思和分析高阶性的科学思维技能的培养上。

> 小贴士:创建一些能让学生反思他们学习的不同策略是很有帮助的。确定什么时候你将怎样使用这些策略,需要确保教师关于学习的一系列想法包含在其中,以及确定你是以整个班级为重点,还是以一个特定的群组为重点。

最后,反思有助于提高教师的学习能力。教师的作用是提供能拓展学生学习的反思机会,以及提供一些以前不可能拥有的机会,确保为学生的学习和进步提供一个有意义的环境。

实践案例——教师标准2c

伊莱恩(Elaine)

在伊莱恩的学校里,她强调让学生参与学习。所有教职员都通过学习学校政策和举办教职员会议来讨论学校计划的进展,践行对这项目标的承诺。在伊莱恩的六年级班上,她采用的一项举措是使用结对同伴反馈。在完成以描述性写作为基础的英语课后,她将学生结对组合,然后让学生通读课文,最后是该队的学生互相评价。她给每一对学生都制订了一套判断标准,即他们是否在写作中使用了形容词,学生能否给彼此提出建议,并指出他们做得好的地方以及就如何进一步提高写作给出评论和建议。伊莱恩能够通过她对这个活动的评估来证明这一标准。

马克(Marc)

在马克一年级的班上,孩子们习惯于反思自己和他人的工作。马克举了一个舞蹈课的例子来证明这点。在舞蹈课的某一阶段,孩子们分享他们的舞蹈场面,其他学生则对他们认为这个学生跳得好的地方加以评论,以及指出他们认为能进一步改善的地方,表演的学生也有机会表达他们欣赏哪些表演部分。马克能够通过他的课程计划证明他是怎样为学生的学习和进步提供反思机会的。

参照教师标准2c进行实践时,你需要考虑以下几个关键问题:

- 你是怎样让学生参与他们的学习和进步话题的讨论的?
- 为了培养学生反思的能力,你为学生开展自我评价和同伴评价活动提供了哪些机会?
- 你会在什么情况下支持学习者评价自己学习目标的进步情况?
- 你是如何确保让学生知道他们取得的进步,以及清楚他们为了获得进步下一步需要做的工作的?

教师标准2c可能的证据来源：

- 课堂观察、评价；
- 自我评价和同伴评价的机会；
- 评分和反馈的回应；
- 促进反思的课堂空间环境；
- 策划能鼓励学生反思的活动或者采取的策略；
- 和学生一起设定目标和成功标准，彰显形成性评价。

2d：论证学生学习和理解知识的方式，以及这些方式是怎样影响教学的

学生如何学习

了解学生如何学习是教学不可或缺的一个部分，这样能使教学活动计划更加适合学生的年龄阶段。教学活动应该具有一定的挑战性，但不能要求太高而超出学生的能力范围。有许多不同的解释学生如何学习的心理学理论，但是运用于教室的主要是行为主义理论和认知主义理论（Pritchard，2014）。"行为主义"根植于能被测量、训练以及改变的行为。这涉及一些能被观察的行为，这个教育理论的中心是教师对学习控制的理解（Cooper，2014）。

另一方面，认知主义学习理论强调学习是一个与思考和记忆有关的主动学习过程。让·皮亚杰是发展认知主义理论最有影响力的理论家，其他有影响力的理论家包括维果茨基，他认为社会行为产生学习。早期，艾米利亚（Reggio Emilia）的哲学论就认识到跟随孩子的兴趣以及教师作为促进者的重要性。本章的目的是提高对一些不同学习理论的认识，思考这些理论是如何影响教学实践的，接下来将用实践案例做进一步阐述。

教师个人的价值观会影响教师在课堂上做出的决定，例如，如果你重视儿童使用语言的情况以及注重其他孩子思维等能力的培养，你也许会在教学中使用到社会建构主义的理论。当教师使用基于探究的方法时，他们的确是这样做的，因为他们非常期望孩子成为积极的创造者和具有分享精神的询问者。在思考这个案例的时候，思考一下这种方式是怎样支持学习者通过积极参与、提问的方式培养积极的

性格特征,以及这又是怎样支持那些有学习动力的孩子持续进步的,而你使用的方法会影响班级的文化。发展一种可靠的学习理论不仅是有意义的,而且是必不可少的,因为作为一名教师,你是学生的榜样,你的班级也会被你的行为影响,并将此视为他们应该如何表现的标准。学习理论能帮助教师解释一些他们遇到的学习情况,尽管如雅克(Jacques)和海兰德(Hyland)(2007)所强调的那样,由于经验有助于建立联系,也可以培养教师思考和运用不同理论的能力,对于没有经验的教师,有时候内化实践学习理论是困难的。

年龄和阶段

学生是每个教室的中心,并且这必须是你在教室里选择教学和学习的起点。为了达到这个标准,你需要展示你为学生选择的合适的策略和活动,这意味着你要仔细考虑学生的年龄和学习阶段。即便你教的是二年级的学生,你也应该知道他们的社会和学习水平都是不同的。你如何为那些水平低于同龄人的二年级学生准备教学计划,而其他人则用不同的教学计划呢?也许你会为这些孩子使用不同的资源或者使用其他成年人惯用的干预措施。这个计划可能包括更短的任务或者需要更多在游戏中发挥作用的实践活动,为此你可以运用一些重视活动的教学理论。同样,如果你班上的学生都是积极的学习者,都喜欢彼此交流互动,那么你的教学方法应该要体现这一点。你可以更多地使用社会学习理论,在这种学习理论中为学生提供能和其他人交流的机会,并且把这种交流作为一种创造新知识的方式。有一次,有个一年级的教师进行了课堂观察,发现这些学生在上课期间呆呆地坐了四十分钟而没有任何交流。这个教师很好奇为什么这些学生在这次课中烦躁、分心和不感兴趣。

你使用的教学方法对这个年龄段的学生会产生很大的影响,一名优秀的教师应该了解如何使学生参与到学习中。通过你的计划你能证明这一点,并且证明你是如何选择一个特定的方法:"理论和实践的相互作用产生理解,在不同的学习环境中,只有与孩子进行交流,才能帮助孩子学习。"(Jacques and Hyland,2007,p.88)

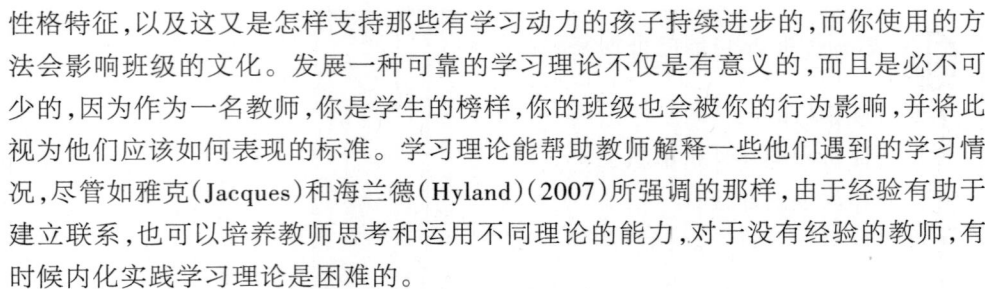

小贴士:仅仅知道如何教学而不去思考你为什么这样做,你在做什么和这样做带来的影响是什么,是远远不够的。最终,学生的需求将能决定你用的教学方法,而教学方法也是会随着你所教班级的差异而改变的。教学理论可以保持不变,但每个班级的教学方法需要改变。

第二章 促进学生发展与取得良好成就

实践案例——教师标准2d

玛利亚(Maria)

过去两年的教学属于早期教育阶段,玛利亚对这个年龄阶段的教学期望是非常熟悉的。尤其是她已经把女米利亚的哲学理论方法运用到她的教学实践中。她证明了她是如何考虑幼小学习者的需求来安排教室环境的,使他们能够体验基于他们的兴趣和需求的新兴课程。探索与发现是玛利亚教学的核心,通过教学环境的布置、教学计划的实施和学生参与的活动,她证明了自己的实践。

杰西(Jess)

作为一名一年级的教师,杰西使用EYFS档案中的数据来决定将要授课的班级。至于证明学生是如何学习的,她将提交一份从去年参加的会议中获得的对EYFS档案和特殊学生信息的反思性记录。在她的反思性记录中,她记录了这个阶段学生的学习特点,以及她将采用哪些教学理论帮助学生更好地过渡到一年级,支持学生更好地融入新课程。这包括使用社会建构主义理论,并把其作为一种创建学习情境的哲学,在这样的情境里,学生能够通过交流来共同建构学习。

参照教师标准2d进行实践时,你需要考虑以下几个关键问题:

- 你怎样确保设定的任务能给学生提供合适的挑战?哪些数据可以用来佐证你的判断?
- 班级有不同的学习风格和能力水平,你如何确保所有的学生都能跟进课程?
- 在你的课堂实践中,主要运用到了哪种学习理论?

教师标准2d可能的证据来源:

- 教学计划能展示学生不同的EAL/SEN或者不同的学习风格;
- 专业发展机会、师资培训;
- 反思成因/评价结果;
- 通过观察/形成性评价策略,根据学生的需求修改课程;
- 课堂观察的反馈。

2e：鼓励学生对自己的工作和学习采取认真负责的态度

教师的角色是复杂的，会根据学生的需求而做出改变，并且不遗余力地培养学生自信和自我肯定的性格习惯。在前一章，我们讨论了维果茨基的最近发展区（Zone of Proximal Development, ZPD），并把其作为学习的支架。现在，我们将继续讨论能帮助学生在学习中变得独立的策略。然而，独立并不意味着对他们不闻不问。最近发展区也许可以成为培养独立的一种策略，如库珀（Cooper, 2014）所说，学生可以借助"稍微更有能力"的其他学生的支持，而不是成年人。教师在发展学生独立性上发挥着重要的作用，因为当教师和学生谈论挑战和交流想法时，学生能够厘清他们的思考脉络、解释想法并且使用高阶思维能力。正如普理查德（Pritchard, 2014）所写的："教师有促进对话和保持学习动力的作用。"（p.26，见图2.1）

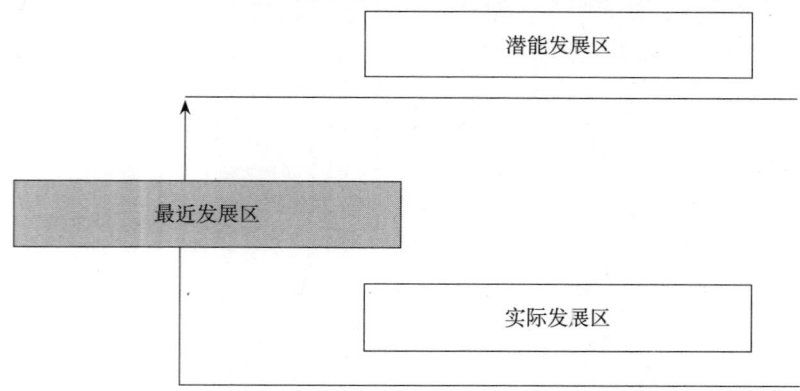

图2.1　维果茨基的最近发展区（Jacques and Hyland, 2007）

是什么造就了一个独立的学习者？

一个独立的学习者具有学习动力，能享受精神上的挑战。当他们努力实现目标时，能够调整学习计划并快速适应，他们能有效使用大脑并且培养一个稳定的思维模式。基于实证研究，德威克（Dweck, 2012）提出了"思维模式既是固定的又是发展的"的观点。在固定的思维模式里，学习者发现实现目标是困难的。和具有成长意识的发展思维模式的人相反，发展思维模式里的学习者有一个"我能成功"的态度。德威克也指出这对于教师来说是值得注意的，教师与父母在培养发展孩子的思维模式方面都具有显著影响。发展性的思维模式让学生产生对学习的热爱，教师通过在教室组织合适的活动能让学生把自己看作终生的学习者。

鼓励元认知，鼓励学生认真思考他们的学习，让学生对自己的学习负责。支持

第二章 促进学生发展与取得良好成就

元认知有效的方法包括在你的实践中建立反思模型,并为学生提供反思他们能力以及理解力的机会。根据詹姆斯等人(James et al.,2007,p.99)的说法,元认知的一个特征是能够"为了进行自我调节,意识到自己的学习过程,对接下来该做什么进行规划,并评估和修正策略"。

这一点需要学习者具有永不放弃、继续努力的精神,也需要自信。你创建学习环境的方式可以帮助你营造一个积极的氛围,让学生们感到安全、放心,可以畅所欲言,知道他们的贡献是有价值的。有许多实践的案例能帮助你证明这个标准,包括你如何鼓励学生提问和回答问题,解释他们对其他人的思考、分享他们的学习以及对他们的学习做出决定。学生什么时候能被支持有自己的想法,并且和同学之外的其他人分享想法?为了和实习教师分享怎样看待一节优秀的地理课,一年有4/5的班级采访了当地大学。这些大学生们分享了他们曾经写过的教案,包括活动的想法以及实习教师的授课过程。在他们的展示结束时,他们要求反馈。在他们重视评论的时候,证明他们的适应力和独立性的证据在反馈中得以体现,这将帮助他们进一步改进他们的活动。他们不是在寻求赞美,而是在寻找实习教师能使他们的想法变得更好的路径。外部的奖励不是他们学习的动力,相反,对成功的渴望才是根本的学习动力,这就是他们对学习充满热情的原因。

然而,雅克和海兰德(2007)强调了一个重要的观点——自主性在这个阶段并不容易培养,"在早期的学习阶段,面对一个新任务或者主题,学习者都需要有足够的鼓励才能获得成功,任务的完成以及从任务中获得的满足感也许才是所有学习动力的源泉"(p.79)。在你思考满足这个标准的证据时,仔细思考你的学生在连续学习的哪个阶段变得更加具有自主性。通过为学生提供持续努力和不放弃的机会,能促进班上学生的独立性。就课堂教学而言,建模是有效的。正如罗宾斯(Robins,2012,p.125)所言:"建模能够增加对实现任务的认知,并且对于教师来说,让学生认识到在学习时犯错误不仅是不可避免的,并且犯错误也是一种机会,这是非常重要的。"为了培养和磨炼学生的坚韧性格,学生需要经历困难和挑战。在你的教学实践中,为了确保学生能够积极参与,你可以尝试在一个活动中增加足够的挑战,但挑战不应该太难以至于使学生沮丧。为孩子做一项任务或为他们提供支持是件容易的事,但这样做,你就会剥夺学生丰富的学习机会。学生一旦有机会在面对挑战时继续前进,就应该帮助他培养坚韧的性格。你设计的活动需要考虑学生的兴趣,以至于他们能够更加专注和积极参与,以及能一直努力直到实现他们的目标。这意味着你需要设置一个有利的环境,让学生可以长时间保持专注和充分参与学习。当学生需要选择合适的工具来学习时,资源的选择也是值得讨论的。资源设备的获得方式将对学生的独立性产生很大的影响,教室的布置要让学生方便获取资源,也需要贴好标签和有较好的组织结构。你如何布置教室,能否促进学生独立性的发展,是判断你是否鼓励学生在学习中做出选择时发挥作用的证据。

> 小贴士:在一周的课程中,确保每个学生都能在没有成年人支持的情况下,独立地学习和工作。注意:不要为特定的学生建造一个安全岛,以至于他们变得对成人过于依赖。明确沟通的策略,这些策略是学生在向成人求助之前需要使用的。

实践案例——教师标准2e

乔蒂(Jodie)

培养独立的学习者是乔蒂教育价值观和哲学的核心。在刚开学时,她与学生分享了一系列策略,帮助学生了解:如果他们的学习遇到困难,他们能做些什么。有一间教室是图片展览室,乔蒂把拍摄的记录照片作为她支持班级学生变得更独立的证据。她通过观察和记录来分析哪些学生在使用策略时具有信心,以及哪些学生信心不够,需要鼓励,并监控这些策略的使用情况。

雷(Rry)

通过他的教学计划,雷证明了他是怎样支持能力较低的学生组在工作学习时更加独立自信的。他清楚地记录了哪些小组是在教师的支持下完成任务的,哪些是在助教的帮助下完成的,以及哪个组是独立完成任务的。一周的课程结束后,可以清楚地看出每个组都得到了相同的支持以及每个组都能独立工作。

第二章 促进学生发展与取得良好成就

参照教师标准2e进行实践时,你需要考虑以下几个关键问题:

- 为了使学生变成独立的学习者,你怎样为学生在课堂内外创造机会?
- 在一节课中,不同群组的学生获得的成人支持程度分别是多少?
- 你如何安排助教的工作?助教总是帮助同一组吗?
- 你如何向学生说明他们什么时候能获得帮助,什么时候需要自主学习?
- 当学生遇到困难时他们知道该做什么吗?
- 不寻求教师或者助教的帮助的时候,学生会使用哪些策略来解决问题?
- 你使用什么策略让学生知道当你在和目标组合作工作时不能被打断?
- 你是否在墙上清楚地展示了独立工作的照片和策略?

教师标准2e可能的证据来源:

- 书籍/学生的工作记录;
- 课堂观察;
- 学生对他们目标的讨论以及对改进学习的建议;
- 课程评价。

本章小结

本章探讨了教师在支持学生获得最佳成绩中的作用。为了确保学生能够有自己的想法、敢于冒险挑战、找出赢得挑战的方法,能自信地使用自己的方式解决问题,人们已经注意到,教师应具有制订计划和设计活动的能力。一个优秀的教师会找到方法来满足学生的个人兴趣,并以此为基础设计教学和学习活动,这些活动能激励学生学习,鼓励学生积极参与,最终增强学生的学习体验。通过对学生的自主学习进行预期计划,教师能够激发学生对学习的热爱。有效的学习不仅仅是完成一个任务,还是对挑战过程的理解以及当你在努力后自己找到答案的那种成就感,这些都能带来自信和独立感。你也许还记得,你在学校里努力理解一个概念的时候——也许你曾为一个你不能正确地拼写的单词而奋斗的时候,当你赢得了这些挑战以及取得了进步,你就会感到满足,同时还能维护和增强你的自尊心,这些记忆将会永远伴随着你。因此,每个教师都应该帮助学生培养自我效能感和学习的乐趣。

49

第三章
具备良好的学科和课程知识

> 教师标准3——具备良好的学科和课程知识：
>
> 3a 有扎实的相关学科和课程领域知识，培养和保持学生对这门学科的兴趣，并能解决学生的问题；
>
> 3b 能对学科和课程领域的发展进行批判性的理解，提升该领域的学术价值；
>
> 3c 任何学科的教师都应该了解并承担提高学生读写能力、标准发音和正确使用规范英语的责任；
>
> 3d 担任早期阅读教学的教师对系统化发音要有清晰的认知；
>
> 3e 担任早期数学教学的教师对恰当的教学策略要有清晰的认知。

这是什么

能按照国家课程的各部分内容及学生的年龄特点对学生进行学科知识教学是教师专业发展和进步的重要组成部分。作为专家,教师需要在现有基础上不断学习新知识,并且经常参加一些实践类的学术研究,同时教师在具备透彻、扎实的专业知识的基础上能够为学生安排学习任务,促进学生取得最大化的进步。

如何体现

通过参与教师培训项目、学校实践活动以积累和发展学科知识。教师标准3要求教师对学科课程有透彻的理解。这也间接要求教师思考以何种方式教,能让学生成为主动的学习者,并确保学生取得良好的进步。有很多方法能让教师显示具备上述素养,例如设计教学计划、组织教学活动、评价学生成绩的进步等,同时为了让所教的学生都能得到最好的发展,教师有义务、有责任定期参加相关的培训。这些培训机会比较常见,因为学校内部和当地教育局都会组织这些有利于教师发展的培训,教师应当选择参与这些培训,利用一切可能对学生产生积极影响的机会。此外,从事学术活动也是一种深入学习主题知识的方式,例如广泛阅读相关书籍、与同事进行专业讨论或者注册一些被认可的在线课程进行学习。

章节概述

作为教师,我们的工作是激励学习者。正如吉尔伯特(Gilbert)所说(Ryan,2011),有许多方法能让教师取得成功,但是具备对教学的献身精神和对学生的关心是必要的"火花"。

它意味着"给生命注入活力"和灵感。因为教育并不是投入与产出这样简单的线性关系,而是不断地激励与鼓舞。这种激励与鼓舞就是将有惰性的、毫无生气的东西变得生机勃勃。教师需要把握住学生8岁这个关键期,塑造学生:赋予他们作为人的基本特质,赋予他们人生更多的色彩,并且让他们有能力书写自己的人生,让他们的眼睛迸发出"火花"(Ryan,2011)。

教师应该以专业知识和对学科的理解为基础,对学生进行鼓励式教学,给学生

第三章　具备良好的学科和课程知识

提供自主学习的机会。随着课程的不断发展变化，对忙碌的教师而言，能一直学习最新理论和保持良好状态是很有挑战性的，因为教师在高强度"旋转"的工作中承担着多重角色。但是，作为一名优秀的教师就意味着需要寻找机会与学生进行交流，鼓励他们积极参与专业训练并获得良好发展。

在这一章，我们将探讨下列主题：

- 教师如何发展学生的学科知识并提供学习方法；
- 教师应该把激励学生作为一种责任与义务；
- 让学生参与并反复回顾学习经验；
- 获得进行教育的最佳方法；
- 学术的价值以及对学生的影响；
- 早期阅读系统发音和早期数学教学的方法及策略。

本章将根据上述标准的基本原理来提供有效的实践案例，供教师参考使用，进一步改进、发展教师自身的教学。本章也将继续探讨包容性教育的背景和本质以及探讨教师如何因材施教、如何结合学生的"最近发展区"给学生提供新的挑战，将理论与实践相结合。因此，本章会通过关键问题与实际相关想法相结合的训练来给教师提供将所学知识、技能应用到实践中的机会。

分述再总结

我们会发现教师们可以通过对每一个标准进行细致的学习，并将其与专业实践相联系。教师可以发现有足够的实证证据来支持上述标准。

3a：有扎实的相关学科和课程领域知识，培养和保持学生对这门学科的兴趣，并能解决学生的问题

扎实的学科基础和解决学生的问题

是的，你已经充分地参与了学校的培训和工作，你也认为自己了解自己的学科和主题。但是，当同事、父母或者是检查人员走进教室，所有的目光都聚焦于你时，你会忽然发现自己处于高压状态，这时你该如何展示自己对学科的深刻理解呢？其实很简单，做好下面这些就可以。在平常的教学环境中，作为教师应当向学生"展示你所知道的"，并通过各种方法来调动他们的思维。这个时候学生们会认为

53

教师是所有知识的源泉,当然事实是教师并不是无所不知的。但是让学生的这个"梦想"一直延续下去,对知识的渴望会是一种强大的工具,这能激励学生努力学习,获得巨大的成功。同时,教师成为学生们的学习榜样也是一种无形的动力。事实上,教师能展示扎实的学科知识的前提是对学生进步的了解和经常与学生沟通。

小学全科教师有额外的压力,因为无论他们本身的专业背景和学科偏好是什么,他们都被期望能精通每一门学科。因此,要想成为一名优秀的教师,需要借助周围的学习机会,在训练和学习过程中不断拓宽知识面,加深对知识的理解。那么,这些学习机会从哪里来呢?为此,我们将考察教师们的工作环境。

用你所知道的

首先反思你过去的学习和发展,回顾以往培训的主题和内容。利用国家课程标准(DfE,2013b),对主题内容目标的含义进行解读。然后在自己的经验基础上思考:这与你现在的知识有什么联系?能为你现在的理解提供哪些新的切入点?尝试自己解决、回答这些疑问,并做好相应的记录,这也是取得成功的一条途径。之后如果有新的问题出现,那就不断重复问自己:潜在的问题是什么?

> 小贴士 尝试对你所知道的学科或主题做一个思维导图,将任何可能会有⬜⬜⬜都记录下来。再将其与课程目标相联系,以此作为自己学科专业发⬜⬜⬜⬜规划的依据。

同事和学⬜

在学校,⬜⬜⬜⬜⬜习的资源。学习周围具有高度责任心又具备扎实的专业知识⬜⬜⬜⬜的同事,同时还要关注学科带头人。因为通常情况下,每个学⬜⬜⬜⬜整个学科建设,他们对这个阶段的课程要求和内容都有精深的⬜⬜⬜⬜他们提问——这是教师主动积极地进行专业发展的方式。积⬜⬜⬜⬜⬜进学校发展和教师专业发展。

资⬜

大⬜⬜⬜⬜丰富的图书馆,里面有各种各样的非虚构类小说,用来帮助学生理⬜⬜⬜主题,教师也可以利用这些资源。学校订阅的专业期刊是另一种学习⬜⬜⬜,互联网还可以提供一些优秀的教学资源、教师论坛和专业的社交网站,⬜⬜以充分利用这些资源。在现代信息化时代,教师可以接触、学习到很多有效信息,在这样的时代条件下,教师还不能备好课是不能被原谅的。

第三章 具备良好的学科和课程知识

调查

研究性学习是进行反思和有效教学的前提,在本章后面,我们将探讨如何让一位教师充分利用研究机会来提升自己的专业水平以及促进学生的发展。

那么现在我知道了,我该怎么表达?

下面是一些简单的方法,你可以展示你优秀的学科知识:

● 计划:一个课程计划可以显示你对某一主题的理解程度;预期学习个体和学习群体的学习结果;适应的年龄阶段;提供难度适宜的活动;课程结构;自主学习的机会;恰当的评价机会;关键问题;使用(和支持)其他成年人的创新方法;预先消除学生的误解。

● 教学:当你理解了你的教学主题时,你上课会更加自信,解释相应内容也会更加清晰;你的教学方式和你设计、实施的活动内容将有效地展示你的学科知识,你如何处理问题和消除误解(带有敏感性)也会是你学科知识的展示方式。

● 影响:如果你的学生正在学习和取得进步,那说明你基于全面和最新的学科知识的教学对学习者产生了影响。这种影响可以从学生参与度、作业、问题等方面看到。通常情况下,教师对所教科目的热情具有感染性,学生也会情不自禁地投入这堂充满魅力的、精心规划的课程中。记住,这不是要你做什么,而是要影响学生的学习和进步。

● 传播和学校工作:这个主要是指通过教室和学校的"工作墙"展示,以及在团队或员工会议上做分享。通过传播展示你的学科知识和培养学生的学科知识是证明你达到标准的一种简单方法。展示、传播这些知识的同时也能让学生感受到他们所学的知识是有价值的。

培养和保持学生的兴趣

如何定义学生的兴趣?你如何发现它? 如果学生对某事感兴趣,他们的行为、学习态度和与任务的接触状态都会有所不同。因为如果学生对这个科目有特殊的兴趣,他们会更有动力去学习,并且会去独立地应对挑战。相反,如果学生对某项任务或科目不感兴趣,他们可能会表现出事不关己或"关机"的状态。这是因为他们可能缺乏完成这项任务的动力。因此,培养学生的兴趣可以成为支持学生学习的工具,这一点至关重要,因为这是对学生学习方式的认可,以培养和继续保持他们对学习的兴趣。

"如果提供了最佳条件,学习者就会发挥他们的潜力。"(Buckler and Castle,2014,p.221)巴克勒(Buckler)和卡斯尔(Castle)(2014)经过调查发现,环境确实能激发学习者的潜能,因此,提供最佳条件也是教师的主要责任。这里所提到的"最佳条件"可以是各种各样的因素,如环境、生理和心理等,还可以是根据学生已有的学习经验创设的内容,这些都是"最佳条件"。在第一章中,我们讨论了学生可以参与学习的一些方式,但是保持学生的学习兴趣是促进其学习进步的重要条件。关于学习动机方面,巴克勒和卡斯尔(2014)提出:"虽然教师可以影响学生的学习动机,但学生的内部学习动机并不是教师能'给予'的东西,因此教师要激发学生学习的内部动机,将其引导到学习活动中。"(p.237)

巴克勒和卡斯尔给出了如下建议:

激发学生内部潜能的一种方法是通过让学习者在学习过程中获得自主权和选择权,让他们能够理解自己的技能(或者知道如何培养自己的技能),同时也可以与他人、同行及教师一起工作,也即自我决定论的三个要素。(p.237)

为学生提供自主学习的机会,作为激发学生兴趣的激励方式,是教师证明自己理解主题内容的一个方法。此外,支架式教学是提高学生独立性的必要方法,这也可以帮助清除学生的学习障碍,及时的引导帮助也能将学生从"我不能"的状态引导至"我能行"的学习状态。

诺丁汉(Nottingham,2013)提醒我们:"一个人投入一项任务中所付出的努力等于他们想要达到的目标,乘以他们期望达到的程度。"(p.12)他接着说:"教师要相信他们能成功,孩子们需要感觉到他们能做到。"(p.13)

如果学生有学习的动力并且不断去学习,那么成功是可以实现的。当然,目前学术界有很多关于学习动机的研究(Chandler and Connell, 1987; Hayamizu, 1997; Ryan and Deci, 2000),并且这些也是值得继续探讨下去的研究。但是,保持学生的学习兴趣以及使学生能专注于学习是教师标准3a的重要考虑因素。学生的专注投入可以被认为是中国武术术语"功夫",或"通过努力工作获得的技能"。这与诺丁汉(2013)的模型一致:努力=欲望×期望值。学生兴趣的投入和维持是通过他们在任务或学习经验中的努力程度、坚持不懈的动力和对成功的高度期望以及自我信念来体现的。简言之,学生的兴趣可以通过他们从事某项任务的方式来观察,但为了进一步保持学生的兴趣和增加他们学习的动力,在学习动机降低时,教师迅速的反应和对学生的及时引导是至关重要的。也即利用正强化来鼓励学生,让其保持自我信念以及对成功的追求。

你的教学方式和学生的学习进步将为这个标准提供更多的证据。教师应当尽可能多地与学生沟通交流,以便更好地为学生提供有针对性的教学。最重要的是,除了内部动机和外部激励等因素,教师需要向学生展示出对他们的了解(Ryan and

Deci,2000)。概括地说,外部动机可以被描述为为了避免惩罚或者获得某种奖励而被激励去做某事。例如学生为了获得某个奖励而去从事某项简单的任务。而内部动机源自学生的内心,是一种内在的欲望,不需要外部的奖励或刺激。因此,如果要维持学生的兴趣,就必须与学生已有的经验相联系,这样才能让学生形成学习的内部动机。外部刺激是有限的,达到某个限度后又该如何重新激发学生的动机?因此,内在动机更具有长久性。史密斯(Smith,2010)建议,为了让学生们参与教学,教师应该"保持神秘感"(p.14),以便让学生们集中注意力,保持兴趣,但要注意平衡和界限,以免让学生产生不安全的感觉。因此,为了培养和维护学生的兴趣,教师需要从一开始就吸引学生。赖安(Ryan,2011)用下面的比喻解释了这一点:"向克林顿贺卡店学习:克林顿贺卡店的入口是商店里最重要的空间。它试图把你勾住,让你觉得有必要去买东西。"(p.27)

通过学习商店前面产品陈列的方式,并将其应用到教育中,也许我们的"入口"可以是我们的课堂,也可以是课堂内的课程;"购买"可以是学生的动机,可以让学生及时投入学习中去。

练习范例——教师标准3a

本(Ben)

当本向学生们介绍一个新话题时,他首先让学生们对这个话题进行交流,或者记录下他们所有的问题。然后这些问题都会被记录在便笺纸上,展示在教室中的微型工作墙上。所有的学生都可以就每一个问题展示他们自己的理解,然后从工作墙上把便笺纸撕下来,齐声喊出答案,再将它们移到"我们已经明白了"这个专栏里。

麦肯齐(Mackenzie)

麦肯齐热衷于研究。最近,她被要求进行小学语言教学,同时还要参加语言能力、语言教学法和教育学方面的培训,她决定通过注册语言课程来进一步发展她的学科知识。麦肯齐的目标是通过与同事们在课程上的互动来增强她的语言能力。此外,她还通过在学校进行广泛阅读和案例研究来发展她对语言习得的认识。为了考虑她的发展对学生和同事的影响,麦肯齐已经写了一份"影响计划"。

参照教师标准3a进行实践时,你需要考虑以下几个关键问题:

- 你如何关注当前主题的学科发展趋势?
- 在目前的工作环境中如何进行专业发展?你能进一步发展吗?
- 当学生对某一主题有疑问时,你如何以一种支持学生的方式来处理这些问题?
- 你如何吸引学生的注意力?
- 你采取什么措施来维持学生的注意力?

教师标准3a可能的证据来源:

- 同事;
- 环境:看看你周围的资源;
- 观察和基于实践的反思;
- 你的学生:你对他们和他们的兴趣有多了解?是什么在吸引他们?你打算怎么把这些"激励因素"加进你的课程中?

3b:能对学科和课程领域的发展进行批判性的理解,提升该领域的学术价值

重视当前的学科课程发展是一名优秀教师的基本属性,教师应有信心以批判的眼光去看待以上这些发展,然后传达这种批判视角,或者让批判视角对一些实践活动产生影响。正如威尔逊(Wilson,2009)强调的那样:"从实践出发去思考是最有必要的,因为在实践的基础上才能理解其发生缘由。"(p.3)教师应该以实践为基础,并对其进行深度思考,这样才能更进一步。

为了做到这一点,首先让我们审视批判性的含义,然后再按照这种标准去解决问题,进一步提高我们的专业实践能力。

批判性教师

盖(Ghaye,1998,p.9)曾提出,系统而严格的批判反思训练应该是小学教师常规练习的一部分:

教学是充满价值的实践。这种价值体现在帮助教师进行决策上。教学证据有

助于教师做出明智而有原则的决定。自信和卓越的教学要求教师系统地、严谨地从教学实践中获得证据。反思性教学、批判性教学都是基于证据进行的。

教师也可以通过收集成功的教学案例并加以分析,从而能够有信心、有能力地运用系统的知识去教导学生。

布鲁克菲尔德(Brookfield,1995,p.15)是最著名的批判反思理论家之一,他提出:"优秀的教学即帮助学生学习。最好的教学是具有批判性和反思性的教学,教师应该对教学不断地反思、批判,反复学习改进。"

对于布鲁克菲尔德的观点,米勒(Miller,2010,p.15)认为:布鲁克菲尔德所提出的批判反思型教师的目标是教师通过多个不同的角度去批判审视教学,从而增强教学批判意识,提高教学效果。布鲁克菲尔德还将教师的批判反思过程分为四个角度:(1)自传;(2)学生的眼睛;(3)同行经验;(4)理论文献。这些角度与自我反思、学生反馈、同伴评价和学术文献有关。教师通过以上角度批判反思教学过程,能为他们的教学打下良好基础。

我们考虑到布鲁克菲尔德(1995)的四个角度,并且采用米勒(2010)的方法定义每个角度。我们现在将这些角度和实际课堂联系起来,探索如何利用这些"有利点"帮助教师进行批判性反思,简单来说就是以下几点:

1. 自传:批判性地反思自己作为一个学习者的经历,然后总结自己作为教师如何将这些好的经验利用到教学实践中。

2. 学生的眼睛:利用提问获取反馈信息、同伴评价、教学业绩和学生进步状况,批判性地思考学习方法如何促进学生发展,并利用这些信息来影响未来规划与教学。

3. 同行经验:向别人学习,听取好的建议。通过学习同行经验,搭建经验交流平台,为学生提供良好的学习经历,促进教学发展。

4. 理论文献:积极研究理论文献,批判性地将文献与自身观点、教育哲学和实践研究相联系。

批判性反思有重要的价值,在专业实践方面占有重要位置,在教师教学中产生的影响是不容忽视的。

> 小贴士:批判性地阅读大量具有批判性反思的文献,研究它、利用它来充实你自己的教学哲学经验并运用于课堂教学。将"批判"一词看作实践中一个积极性的因素。

批判性课堂

正如我们所讨论的那样,批判性反思是教师角色的一部分。教师通过批判性反思教学计划,批判性反思其教学如何影响学生,循序渐进地指导学生,这是课堂教学开展的关键。

反思每一堂课,询问自己以下问题:
你的学生学到了什么?
你是怎么知道的?(证据)
你能做些什么来促进学生的学习和进步?
这将对未来的实践产生怎样的影响?

这些问题,尤其是对这些问题的回答非常重要,教师可以将它们记录为课堂开展前的教案注释来完善教学计划,同时它们也可以作为课堂评价并记录在册。教师可以利用这些批判性的思考来指导未来的实践并增进学生的学习经验。

批判性工作场所

在教育教学中存在大量的政策、计划和程序,这些都是开放型的,可供所有人监督审查。当你在阅读一所学校的政策文件时,你也可能会产生独有的想法,也会获取某些有用的理论或者经验等,这些都可能对你产生影响。在某些情况下,高级领导班子或学科带头人可能会更加欣赏有建设性的、批判性的意见与建议,当然,前提是这些建议对实践教学有潜在的积极影响。

此外,你可以有更多的机会去观察,无论是正式的教学活动和学习活动,还是一次随意的学习讨论,这些都可以为你提供与同行批判讨论教学的机会。这并不代表你批评了你的同行,而是你们可以将自己不熟悉的领域拿出来相互探讨,交流经验,从而更好地教育学生。更重要的是,威尔逊(2009)提出:

成为一名教师不仅仅是"告诉别人做什么",也不是培养技能或模仿其他教师。因此,教师进行课堂反思是教师职业的一个重要环节,是研究实践的本质。(p.15)

超批判性工作场所

作为一名研究型教师应该走在教育前沿,并且积极地进行教育研究。这对于你从事教育工作并成为教育人员中的佼佼者是至关重要的。索托(Sotto,1994)将教学活动看作学习活动——一种影响学生的学习活动。至于谈到教师专业化的重要性，索托提出了以下几点作为基本要素：

1. 对自己的学科有透彻的了解；
2. 把握教学主题重点的能力；
3. 从学习者的视角看问题的能力；
4. 简单解释问题的能力。

第二点和第四点可算作教师的个人技能，教师通过研究而获取的实践经验能够有助于他成功地进行教学。因此，以下是一些帮助你批判性地进行研究活动的简单途径。

广泛阅读

熟知当前社会的教育变革。简单的做法就是通过学术活动或期刊了解一些教育发展的最新动态，比如教育论坛和周刊，然后针对教育发展进行批判性的分析。另外，在学习借鉴过程中，注意教育理论家和他们言论的归类。

探讨：

1. 这些理论是如何影响你形成自己的教育学观的？
2. 你用什么方法来了解这方面的知识和认识？如何改进你的课堂？
3. 你不同意什么？你能提出什么证据用来反驳？

以上问题只是承载你想法的框架，优秀的教师不仅要参与教育问题、辩论和发展，而且要通过大量的教学实践经验来创造自己基于证据支撑的教学理论。并且，教师也要成为研究人员和理论家。作为一名教师，你要充分相信自身的发展能力。从亲身实践所得经验中，你要提供有效的教学建议，并将这些经验分享给他人，同时共享他人的成功经验，从而使教学得到更好的发展。

课堂研究

如果你想探索教育学实践中的个别特殊理论或观点，你可以通过自身所在的教育环境开展小规模的教学研究。实际上，教师每天都会利用教学实践中所产生的经验或想法融入之后的教学活动。可是，有时利用其他教师实践中创造的一些观点时，你需要谨记"道德是唯一的出路"。更科学、更合乎伦理的研究设计才可以在你的教学环境中进行，教师有必要定期参与数据收集活动，这些活动有可能直接影响到学生的进步，并可以成为全校的示范。或者，你可以对你班级中的个别或一些学生进行"影响研究"。例如，你可能有一个在掌握数字概念方面遇到困难的学生，但他通过对这个主题进行批判性反思和广泛阅读，突然间在这方面取得了好成绩。反思和阅读这些都影响着这个学生进行学习创新,从而获得进步。你可以不断通过实践进行调试,从而不断提高课堂教学质量。

更换教学环境研究教学

作为一名教师,你很容易被固定的教学环境所局限,尤其是作为一名优秀的教师。固有的教学环境会局限教师教学,所以更换教学环境,丰富各种教学实践经历对教师的成长尤为重要。而且,分享实践经验以及跳出课堂思维的局限也有利于教师全方位地影响、教育学生。

你是什么样的教师?是放手让学生自主学习,还是积极地参与学生的学习过程?通过实践证明,哪种教育理论是改进教学的最佳方式?"你是搬运工还是推动者?"这句话源自诗人奥西尼斯(O'Shaunessy,1874)的诗:

　　我们是音乐制作人,
　　我们是梦想的梦想家,
　　孤独的海上漂泊者
　　坐在荒凉的小溪边;
　　世界上的失败者和被遗忘者,
　　苍白的月亮向谁闪烁:
　　我们是搬运工也是推动者,
　　世界似乎总是永恒。(O'Shaunessy,1874,p.308)

小贴士:积极寻找在其他教育环境中教学的机会,制订最佳实践方案,向不同的优秀教学人员请教,要做搬运工,更要做推动者。

第三章　具备良好的学科和课程知识

实践案例——教师标准3b

克里西（Chrissie）

克里西已经与当地小学联系，并且建立了交流中心，通过这个交流中心，她开展了优秀的实践活动。早期克里西采纳不同的教学环境中的人的建议，每月定期学习优秀教学者的经验，提高自身的教育实践能力。克里西将这些教学人员的分享信息记录在册，大量的成功案例给克里西提供了许多可取的经验，从而提高了她的教学实践能力。

里安农（Rhiannon）

里安农是一名六年级的小学教师，为了更好地帮助她的学生升学，使学生尽快适应七年级的学习，她与当地的中学取得联系，与学校商量课程内容、教育发展和教学方式，以更好地帮助学生适应学习的新阶段。所有的教师不仅受益于增加学科知识以外的阶段性专业知识，并可以利用这一点来丰富学生的学习经历。

参照教师标准3b进行实践时，你需要考虑以下几个关键问题：

- 你最近一次发表期刊文章或教育文章是什么时候？
- 你能用什么方法拓展自己的研究实践？
- 在你自己的学科知识方面，你如何保持现状？
- 你能用什么方式来证明你自己的批判性思考，以及这种思考对你自己的实践有什么影响？

教师标准3b可能的证据来源：

- 学生反馈；
- 教育期刊、文本和出版物，如《泰晤士报教育副刊》（你将如何使用这些来证明这一理论对实践的影响？）；
- 当地的教育环境（你能学到什么？）；
- 同事和大学评论/工作；
- 社会媒体和教育论坛（你如何使用这些？）；
- 教师自身专业发展的记录；
- 学生学业数据分析和行动；
- 关于教案的注释和对后续课程的适应。

3C：任何学科的教师都应该了解并承担提高学生读写能力、标准发音和正确使用规范英语的责任

如前文所谈到的,教师是榜样,因此需要他们在工作生活的方方面面运用标准英语流利地表达自己。深思熟虑后,我们创设了一个场景来展现一位专业教师应该具备的特征：

X小姐是一所市中心小学二年级的教师。X小姐大学毕业时,获得了小学教学一等荣誉学位,这非常切合她所选择的职业。一天,由于急于发出每周的课程信息,X小姐彻底忽略了对相关内容的编辑和校对。随后,这些信件被传递至家长(监护人)手中。不幸的是,由于X小姐的急躁,导致她没有检查出个别单词的拼写错误。周一早上,主任告知X小姐,有几位家长(监护人)已反映此事,表现出对X小姐读写能力的质疑,并且很担心X小姐的教育能力。这让X小姐感到非常恐慌。事后,X小姐写了道歉信给家长(监护人)。尽管X小姐非常认真,以她本来的能力完成了这封道歉信,但已给家长(监护人)造成的伤害,使他们对X小姐丧失了信心,并且此事也给学校造成了不好的影响。

小贴士：仔细检查每份工作表、信件、图像、评论以及字词。你必须多样化地展现出自己在专业方面的优秀才能以及职业表现方式。

贝内特(Bennett,1996)曾描述教师是他们所教孩子的榜样：

如果我们希望孩子拥有我们最钦佩的品格特质,那么我们需要引导他们理解这些品格特质的内涵,明白应该敬佩和忠诚于此的原因。孩子必须学会识别这些品格特质的形式和内容。(p.11)

这些话具有重要的价值,其意义的本质是基于教师标准3c的。你有责任在每个人身上培养有效的读写能力。无论你将遇到什么样的学习困难,请记住,你已获得任教资格,这足以证明你是有能力的。我们将在考虑如何帮助学习能力欠缺(例如,阅读障碍症)的教师之前,先行考虑如何把这些高标准运用到日常实践中。

日常生活中的高标准的读写能力

教师：
- 认真备课。
- 确保所有的拼写、语法和标点符号以及挂图、标记、信件、工作表、作业和电路板都是准确无误的。
- 与小学生一起写作时，要有信心和专业精神。在拼写困难或是遇到你不熟悉的单词时，请借助工具书，而不是猜测和犯错误。能让学生参与到检查拼写的实践中是最好的。
- 确保班级里其他科目的教师能准确地拼写，有较高的文化素养。一旦有任何问题，你必须以负责任的态度对其进行解决。
- 如果出现了小的错误，请与学生共同讨论。不要就此忽略或对错误视而不见。
- 与学生交谈时，确保你语法的正确性并展现高标准的文化素养。鼓励学生向此目标靠近，并教给他们相关的语法规则。

展示教师标准3c也是教师专业发展的一部分。希望专业教师能有充足的时间和精力致力于这一基本要素的实践。

学习能力欠缺的教师：阅读障碍症

作为一名教师，如果你的学习能力稍有欠缺（例如患有阅读障碍症），这也许会潜在地帮助你更好地了解学生的需求。黑格(Haigh,2001,p.6)指出："学习能力欠缺的教师可能更容易与不同学习需求的孩子有同理心。"但这也并不意味着具有阅读障碍症的教学（和学习）就很简单。那些选择接受这个巨大挑战并追求职业生涯的人，在教学中已经表现出对自我完善的承诺和满足孩子需求的意愿。当教师患有阅读障碍症时，需要对文字进行严格检查，周围的支持以及面对非阅读障碍症孩子时的自信就显得颇为重要。重中之重是要公开地向阅读障碍症发起挑战，不要让它成为成功的一大障碍。

3d：担任早期阅读教学的教师对系统化发音要有清晰的认知

英国教育标准局(Ofsted,2012)把系统化发音作为早期语音语言教学的一个方法。这方面的发展已经超出了标准化的教学模式，为教师的自由教学提供了条件。它有四个板块：回顾、讲解、练习以及运用（DfES，2007）。这种方式受到许多教师和研究者的青睐。研究显示，这种教学模式与相关活动相结合，对于引导早期阅读是非常有效的（Whitehead，2010；DfES，2007，in Glazzard and Stokoe，2013）。

系统化语音学基于一个假设：解码（simple decoding）。这是阅读和教授个别字母以及44个因素所必需的（Whitehead，2010，p.140）。佴是，格拉泽（Glazzard）和斯托克（Stokoe）（2013）认为：

> 除非孩子能将他们语音课的学习应用于阅读和写作，否则，语音教学将失去意义……因为监测教学质量最重要的因素是对学生的学习所产生的影响……因此，需要在教导孩子如何有效运用语音知识上花费更多的努力。(p.76)

作为早期阅读的教师，运用的教学策略可能与一些结构化的语音教学有所不同，而其他人却能在日常生活中灵活地使用语音。但是，为了符合教师标准3d，你必须对此有一个完善的认识，并且授课时的发音不能出现错误。

对语音的看法有分歧是无可厚非的。格拉泽和斯托克（2013）指出："系统化语音的有效教学需要系统化的方法，要有明确的教学顺序，可以让孩子们的学习建立在已有的基础之上。"(p.64)怀特黑德（Whitehead，2010）认为："对日常读写能力的过度依赖会降低内部和外部的作用，因为学校外是学习读写能力的主要场所。"(p.149)

无论运用何种策略，都要确保有周密的计划安排以及熟练的发音能力。为了更好地开展入职训练，广泛而持续的阅读是必不可少的。在不同领域寻找学习的机会，给予孩子更多的时间和自由活动去探索发音。这些活动可以由成人指导，也可由孩子独立完成，但是必须涉及书面材料和音频设备，如录音机、电脑或其他设备。格拉泽和斯托克（2013）认为，教师需要意识到孩子不会在课外阅读和写作时自觉运用上课所学的语音知识，因此要意识到创设阅读环境的重要性，以促进孩子的早期阅读。

> 💡 小贴士：在你的教学和规划中，你必须展现你所知道的，强调孩子们应该知道的内容。在他们不会或者难以迁移时给予帮助，并有选择性地提升难度。

实践案例——教师标准3d

罗克珊（Roxanne）

罗克珊已经在她学习的所有自由活动领域内创设了语音活动环境。她打印物体名称标签用于教室和户外物品，每个标签包含一个声音按钮。该声音按钮可以演示如何说出单词以及该单词如何拆分。罗克珊鼓励学生录制音频。如果学生能利用这些来帮助学习，他们将获得奖励。

安东尼（Anthony）

安东尼最擅长借助室外环境来帮助学生学习。他制作了大型的叠层声卡供学生在户外使用，并鼓励学生与人交流。有时由成人引导，有时自主发生。安东尼让学生记录他们的室外活动，并奖励他们的行为。这个学习工具清晰地展现了学生的能力，并对以后的教学活动提供了必要依据。

参照教师标准3d进行实践时，你需要考虑以下几个关键问题：

- 语音教学发生在何种情境下？
- 关于早期阅读，你还有什么建议？
- 你是如何评估每个学生的日常练习情况的？
- 你给了机会让学生运用知识吗？你又如何评估呢？

　　教师标准3d可能的证据来源：

- 演示；
- 资源和活动；
- 学习领域；
- 规划；
- 定期观察、评估监测以及记录数据；
- 优秀的教学；
- 为学生喝彩；
- 学生的进步。

3e：担任早期数学教学的教师对恰当的教学策略要有清晰的认知

在早期数学教学规划时，必须在已经入学需要接受早期数学教育的孩子和学校或托儿所之间建立起一座桥梁。除非孩子们已经有了正式的学校教育经历（也许是作为学前教育的一部分），否则他们的数学活动参与应该是真实的互动，例如通过思想、经验和游戏等方式发生的互动。塔克（Tucker,2010）提出："通常当孩子们开始接受正规教育的时候，他们会对自己的数学能力失去兴趣和信心，这往往是因为他们的数学学习速度太快，数学就从有意义的东西变成了抽象的东西。"(p.8)

早期的数学是如何教的，需要对这个过渡阶段进行彻底的思考，以便更好地为我们的学生服务。

小贴士：花点时间实地观察。如果你有机会，去看看关于这一实践的其他情况并进行专业访谈。

克莱门特和萨拉曼（Clements&Sarama,2014）认为"学习路径"是实现数学有效教学的一个前进方向。学习路径主要通过三个重要的部分将理论与实践相结合：一个具体的数学目标、孩子们为了达到这个目标而选择的道路以及一系列的指导活动，帮助孩子们沿着这条路前进。从本质上讲，这三个要素能确保教师对数学有一个正确的理解，即孩子们思考和学习数学的方式，以及能帮助他们更好地学习数学的方法（Clements&Sarama,2014,p.ix）。

一份关于小学早期数学教学设置的独立评估（Williams,2008），建议教师应该更充分地接受发生在学校或学前环境之外的数学学习。此外，它还建议早教从业人员应：

有机会持续提升他们的知识和他们对有效教学的理解，以支持幼儿的数学发展。这必须包括孩子对数学概念的清晰理解……以及适当的方法来创设一个学习环境，通过游戏来辅助学习这些东西。它还包括如何让孩子接受知识，并拓展新的游戏来帮助他们形成自己熟悉和感到自信的方法，也是作为他们日常生活和经验的一部分。(2008,p.40)

关键在于教师如何运用持续的专业发展机会，并对学生学习及学习方式产生影响。教育学以理论为基础，形成了有效教学的基础，因而，学习标志着优秀的数学教学。克顿（Cotton，2010）认为，学习者的误解是制订有效教学策略的起点。教师开发自身教学策略的一种方法是发现学生潜在的错误观念，探索如何帮助学生发展他们自身的知识、技能和理解力。英国教育标准局（2011）发布的一份研究报告表明，对于3~7岁的孩子来说，实践活动是至关重要的，并且实践也有利于提升学生对数学语言的理解，并确保在接下来的学习开始之前，他们能够充分掌握每一个阶段的学习。因此，实践活动对教学和学习有着巨大的影响。在任何情况下，对数学、课程和相关教育学的透彻理解对于教师标准3e是至关重要的。教师理解主要是通过其教学、计划和评估，以及对那些帮助学生发展数学的认识来实现的。教师被期望在早期数学领域展示自身的知识，并在课堂内外提供机会去展示对学生的支持与挑战。家庭学校的紧密联系是非常重要的，因为这可以使学生在他们生活的各个方面得到良好的数学发展。塔克（2010）支持这一观点："在家庭和幼儿园中，数学最强大、最能自我激励的环境之一就是游戏，因为它可以提供与学校有意义的联系。"（p. 5）。

通过提供有效的、跨学科领域的学习机会，让数学变得有意义，从你的教学环境扩展到家庭环境，通过特殊的交流让家庭和学校联络起来，支持学生学习数学。确保充分利用时间来观察优秀的、最新的实践，并进行更广泛的阅读，以进一步提高你自己的实践水平。评估你的教学和学生学习的有效性，并相应地调整随后的计划。如果学习对所有人都是成功的和有包容性的，那么各种各样的教学策略的结合是至关重要的。

> 小贴士：利用早期的资源来支持早期的数学发展。让学生参与数学歌曲、故事和角色扮演；提供资源，促进学生数学思维的发展；鼓励学生进行学习体验，比如在沙滩上画数字。让早期的数学探索和学习乐趣为终身的数学学习铺平道路。

实践案例——教师标准3e

贝利(Bailey)

贝利已经研究了一套"数学错误"。设置这些错误背后的想法是为需要进一步帮助的学生提供更多的数学理解支持。贝利在他的课上搭建了学生之间相互分享和解决数学错误的"学习伙伴"。如果一个孩子在数学学习上有困难,他们可以在任何时候收集数学错误并与"学习伙伴"分享。帮助支持孩子解决数学问题是建立"学习伙伴"的初衷。如果某个学生解决了某个错误问题,就将这个错误放置在显示器上,最初提出这个错误的学生则有机会向其他学生"炫耀"他们的互助成果,团队成员都会获得奖励。如果伙伴互助仍然不能解决这个数学问题,那将得到教师的一对一支持。

朱莉(Jolie)

朱莉在她的情景剧中介绍了"金发姑娘和三只熊"的话题。在介绍这个故事之前,朱莉创造了一个包含所有数学知识的思维导图,可以通过故事来学习,比如数字、计数和大小。在与早期基础课程(EYFS)的其他领域的联系中,朱莉将她的课堂和户外学习领域变成了一个以"金发姑娘"为主题的课程,她为学生们提供了各种各样的指导和独立的数学学习机会。学生们沉浸在丰富的数学探究活动中,这些活动起到了激励作用,发展了知识、技能和理解力,激发了学生的好奇心。

参照教师标准3e进行实践时,你需要考虑以下几个关键问题:

- 学生如何在教室的环境中发展数学知识、技能和理解力?
- 教师的教学策略的设计有哪些启示?
- 教师如何评估学生在日常实践中的进步?
- 教师如何衡量自身教学对学生进步的影响?

教师标准3e可能的证据来源:

- 学习环境;
- 资源和活动;
- 教学;
- 规划和活动设计;
- 定期观察、评估监测以及数据;
- 学生进步。

第三章 具备良好的学科和课程知识

本章小结

保持最新的计划和课程的发展。防止学生的误解并提供时间来解决这些问题。倾听学生，知道什么能引起他们的兴趣和热情。改变教师提供的学习经验，让学生主动选择学习内容进行学习。通过参与文学和从事小规模的研究，挑战教师自身的思维，以进一步影响学生，成为学生学习和努力工作的榜样，并与学生分享你的发现和教育乐趣。考虑学生每天的学习环境。在早期阅读和数学教学中，你怎样才能最大限度地发挥学生学习的潜力？更多地去了解早期的数学教学和系统化语音教学策略，因材施教。在学生面前表现出与其需求相适应的高标准的读写和口语能力。

第四章
建构良好的课程结构并进行有效教学

教师标准4——建构良好的课程结构并进行有效教学

4a 有效利用课堂时间进行知识传授并加深理解;

4b 提升学生的学习兴趣和求知欲;

4c 通过布置家庭作业等课外活动来巩固和扩展学生所学知识;

4d 系统地反思教学经验和教学方法的有效性;

4e 设计和提供相关学科领域内对学生有吸引力的课程。

这是什么

为所有学生制订清晰的学习计划并确保其成功,是成为一名成功教师的内在要求。制订高质量的教学计划包括预期的学习结果、考虑学习者的需要及积极参与学生学习(和进步)的过程。有效计划和教学的一个重要部分是考虑个体经验的结构,以确保关键主题得到解决。

如何体现

无论你是一名实习教师还是新入职教师(NQT),在日常实践中有很多机会可以达到这个标准。教师标准4明确了一个初级教师可以成功的本质,具体来说即是新入职教师要在专业实践周期内理解教学计划并做好规划,这是至关重要的。通过与导师、合作搭档以及其他关键部门成员保持联系进行学习,不仅能对教育学这个学科有透彻的理解,还能学习到一个成功的、结构良好的课程需要具备哪些"要素"。在学校外也有很多的专业发展机会,例如各类网站、教师论坛、专业论坛等,这些都可以促进高质量的课程规划的发展,为高质量教学奠定基础,更重要的是,教师能进行高质量的学习。

章节概述

教学最重要的目的是提高学生的成绩。督查人员通过整个学校的课程和教师对学生的打分、考核、反馈来考虑学习活动的规划和实施。他们评估课堂内外的活动,评估教师对学生的支持和干预策略,以及教学对学生的精神、道德、社会和文化发展的影响。(Ofsted,2014,p.2)

英国教育标准局(Ofsted,2014)认为学生的成就体现在他们的精神、道德、社会和文化发展之外,本质应该是有效的教学和学习。虽然对课程规划设计和教学策略没有具体要求,但两者都有助于有效的学习,所以要经常性地彻底检查。因此,关键原则是促进每个学生的学习、发展和成就,这也是课程规划和实施过程的本质。通过周密的计划是可以实现这个目标的,这些计划包括良好的学科知识、定制的学习机会、精心安排的计划和良好的教学节奏。

有效的学习和教学计划是成功实践的基础。除了认识到计划和评估之间的相互联系是促进有效学习的一种手段之外,还需要全面考虑和执行,同时,对教师角色的关键要素进行全面、透彻的理解也是学生成绩发展的基础(Robinson, et al., 2013)。此外,令人感兴趣的发展计划和充实的学习机会是成功者自言实践的根本,这将影响教师的实践和所教学生的成功。正如卡斯尔和巴克勒(Castle & Buckler, 2009, p.49)所提出的:"自信是一种难以捉摸的、神奇的成分,它让我们凌驾于我们的思想、行动和最终的表现之上。"

在这一章中,我们打算通过制订有效的课程计划策略,帮助教师建立更大的自信,重点是集中关注学生的参与和让学生"爱学习",包括:

- 有效的长期、中期的学期规划,以及规划的核心要素;
- 确保学生的进步和参与;
- 探索"什么让学习发生";
- 回顾当前的良好实践研究案例;
- 自我反思的发展是一种改进实践的工具,努力成为一名优秀的实践者。

在这一章中,我们将有机会分析关键问题和实践案例以及将其应用在教学实践中获得的技能、知识和智慧。最后,本章会有一部分内容讨论如何以及在哪里找到证据和有用的资源。

分述再总结

让我们开始整理你需要做哪些事来证明你达到上述标准。为了实现这一点,我们将分成几个小部分来探究细节,我们也将考虑各位教师在日常实践中所拥有的一些机会,这些机会将支持各位教师从实践中寻找证据来达到这个标准。

4a:有效利用课堂时间进行知识传授并加深理解

教学是所有教学计划的具体实施过程,"教师是讲台上的圣人"这种传统观念,正逐渐被"教师是学习的促进者"这一新观念所取代。"灌输式教学法"曾经被人们普遍认为是有效的教学方式,但现在人们虽然认为有效教学是最基本的要求,但应该是学习者和教师以及学习者和学习者之间的交互,能让学习者对所学内容充分理解并能应用于实际才是成功的有效教学。这就要求教师能够充分、有效地利用课堂时间达到有效教学。比尔(2012, p.10)对教师提出建议:"教师与学生的关系是教师建立良好学习环境的一个重要因素。"

在学习过程中,教师与学生的关系是至关重要的,教师与学生需要相互理解,共同构建出和谐融洽的学习氛围。教师不光要有丰富的学科知识和有效的教学技巧,还需要对知识有独特且深刻的理解,这有利于促进教师与学生在学习过程中的有效互动。如图4.1所示,我们可以看到每个相关联的因素,即教师、学习者和学习之间的相关关系,教师要熟悉并理解这些因素,思考并找到这些因素之间的联系来推动学习过程,帮助学习者学习。

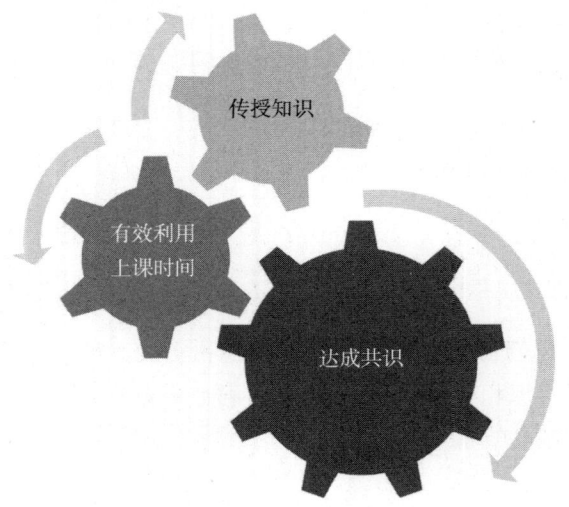

图4.1 教与学的相互关系

讲授知识(教学)和"有效利用课堂时间"(结构、活动、步骤)等元素相互作用,共同促进学生理解。学习是一个过程而非结果(Nottingham,2013),教师是"学习过程的促进者",学生在课堂中应该是积极参与而不是消极地接受知识(Dale,1969)。

课堂学习:范围、结构、步骤和衔接

课堂中合理把控教学时间、速度和衔接是至关重要的。谈话是有效方式,不是吗?你的课堂应该是活跃并且有成效的,学生能跟随你的节奏并获得最大的进步。教学节奏不仅仅是时间的把控,还要考虑学生的知识接受程度。良好的课堂节奏能够确保学生不会走神,以免错过他们想关注的知识或课堂重点。总之,如前几章所述:学生如果学会了,他们就会继续前行。这个过程需要教师适当指引,学生独立完成。教师做好课程计划和班级规定有助于教学活动的开展。

此外,教学活动要确保课堂结束时能完成先前计划的课程内容,定期做课堂反思,可以最有效、高质量地利用课堂。不要等到课堂结束才发现计划的教学任务没有完成,任何时候都要积极主动,随时把控课堂进度。还可以经常举行小型会议,比如全班、小组、一两个人的小型会议,关注班级个体进步,最终实现班级整体进步。实习教师或许不清楚小型会议的含义,小型会议有很多类型,但都是以讨论课堂内容和围绕学生而开展的。小型会议要着重探讨学习目标、成功标准以及制订帮助学生进步的具体方案等,如下面的例子:

- "停,看,听"的反思任务:要求学生暂时停止课堂学习,倾听别人好的学习经验来提高自己。通过学生的学习分享和课堂讨论,教师更明确教学目标及接下来的教学计划。这种短而集中的活动能解决教学脱离学生的问题,因为这种小型会议可以帮助教师了解学生的实际学习情况,会议成员是全班还是部分学生则可以根据实际情况而定。

- 关键问题:活动开始前告知学生在小型会议上将要讨论的问题,会议上分组进行讨论,最后每组派一名成员代表以书面文件、口头报告或者音频等形式进行分享,同样,学生可以自己提出问题来展开讨论,并在会后进行反思改进。课堂中也可以对学生提问,这也是个很好的练习,不过这并不要求全班参加。小型会议的参会学生、时间、地点都取决于参会学生的学习需求。

- 聚焦问题活动:可以要求学生参加某项活动来促进他们的学习以及提供相应的支持。例如,可以让学生在数学问题解答中使用逆解法,反向计算出答案。

> 小贴士:允许团队事先独立准备自己的小型迷你会议。对于年轻的学习者来说,和其他会议成员的快速互动可以将注意力集中在其他群体上,从而认识到自己的小型全体会议与他人的区别,进而支持并满足所有学习者的需求。

作为"变色龙"的教师:适应学生的需求

一个有完整计划的课程将考虑所有学习者的需求,重要的是你准备好了并能灵活应对超出你计划的"剧本"。精心设计的课程将帮助你提供针对特定学习者群体的定制活动,并提前了解学生可能会提出的问题(以及准备好的答案)。有效的教学会考虑到这些潜在的因素,并且能灵活处理。

虽然课程应该在预先考虑的结构内进行,但教师必须考虑到,如果学习者需要,这种结构必须能灵活适应学生需求。此外,学习者的需求应该贯穿整个课程,从课程开始到课程结束的所有阶段都要进行规划。

开始不同的课程

虽然课程是非常重要的,但这并不意味着所有的学生都必须从事相同的活动。事实上,对于一些学习者来说,这可能不是必需的,许多教师陷入了要求所有学生都必须步调一致的困境。一个简短的、面向学习者的课程介绍可以引导学生选择量身定制的、差异化的入门活动。在课堂上,所有的成年人都应参与活动并支持特定的学习者。当然,所有这些都是预先计划好的,教师会与所有相关成年人提前讨论,并为学生带来较好的成果。

目前,对课堂氛围的常见批评是学生(和成人)不活跃。我将重申一次:如果受教育者已经掌握了,请继续督促他们前进!这可能是一个挑战,也可能是下一个活动。同样,如果受教育者没有掌握相应内容,教师必须记录下来并确保为那些需要它的学生提供额外的支持。

在整个课程中

所有的活动都应该按照所有学习者的需求进行计划,虽然这样也不能完全保证学生的学习效果,但也应该有足够的机会去适应和支持学习者,使他们取得进步。因此,活动的这一部分可能需要一个更灵活的工作方式,来适应小组作业、自由活动或讨论组不同的场景与需求。用活动吸引所有学习者并鼓励他们自主学习是至关重要的。有些教师认为这难以管理,但做好计划的课程和良好的课堂氛围可以充当促成者。

> 💡 小贴士:计划适用于可能需要进一步支持的学生;为那些需要进一步支持的人制订计划;为那些有可能在活动中遇到任何挑战和低效的学习者提供额外计划和具有挑战性的学习机会;为那些在预期水平工作范围内但有可能进一步挑战的学习者提供计划。

整个课程中的小型全体会议是不容错过的机会,并最终会带来更大的成功。他们让教师(和学习者)反思,适应并确保进步。最重要的是,鼓励学生挑战自我,自主获取学习资料获得成功进步的机会。

一节课结束

全体会议为学生提供了机会来计划他们自己的下一步。关键问题可以指导学生解决问题,答案可以为教师提供适应教学所需的信息。教师需要给全体会议留

第四章 建构良好的课程结构并进行有效教学

出时间,因为这是进行反思性学习的重要部分。它可以为所有学习者提供有意义的体验,并确保学生清楚自己的下一步行动。

> 小贴士:虽然你可能在一节课中与一两个讨论小组一起工作,但要注意教室周围发生的事情,检查其他人的学习是很重要的。对学习者重申独立完成任务的期望,并经常提及预期成果,为所有群体提供独立的挑战。这样可以最大限度地减少对你的注意力的要求,使你能够专注于那些要求你调整教学以满足个人需求的学习者。

实践案例——教师标准4a

帕特里夏(Patricia)

帕特里夏是一位充满活力的教师,她的角色吸引了学生。帕特里夏提到,她要确保在课堂上她的教室环境能吸引学生。帕特里夏很重视学生的贡献和进步,并定期更改关键词和主题相关信息。她的教室是一个令人兴奋的地方,学生重视他们的学习环境。

乔尼(Jonny)

乔尼的学生在教师的指导下为自己的进步负责。在每节课结束时,鼓励学生评估自己的学习情况,并通过"交通灯"反射系统记录自己的进步和理解。红色的圆圈意味着他们还没有掌握它,琥珀色的圆圈意味着他们正在掌握它,绿色的圆圈意味着他们已经掌握了它,并准备迎接下一个挑战。乔尼在标记过程中对所有学生的反馈做出回应,并提供适当的差距(Go And Practice,GAP)或后续步骤任务,让学生在清晨的活动中参与。

参照教师标准4a进行实践时,你需要考虑以下几个关键问题:

- 在整个课程中,你计划如何适应学生的需求?
- 你在教学中尝试过上述哪些活动,以及你可以尝试哪些活动?
- 你对"学习"和"教学"有自己的理解吗?这些将如何影响你的实践?
- 反思你课程中取得成功的活动。是什么使它们有效?
- 在考虑课程的时候你有什么问题吗?
- 你如何计划你的解释说明来确保学生的学习?

教师标准4a可能的证据来源:

- 短期规划实例;
- 教学(和学习)资源;
- 学生的反馈;
- 评估和观察。

4b:提升学生的学习兴趣和求知欲

"老师!谁会让我们唱歌?"(Alexander,2011)

教学中一个最大的挑战是让学习者参与到整个课堂。正如孩子们所说,使用表示被动意义的动词"make"表示他们不愿意学习——这也是教师每天都面临的挑战。所以,我们怎样才能成为一名优秀的教育工作者呢?我们又该怎样培养学生的学习热情以促进学生的进步呢?

如果学生要变得优秀,那么就得在课堂上激发他们的学习兴趣,这也能体现一个学校和班级的氛围、教学计划、价值观等。它不是一个简单的计划,它需要学生从一开始就全力以赴。

学生本性就是好奇的,这也是我们所鼓励的。你怎么回答学生的问题同样重要,同时你必须表明你在意他们回答的内容,并留足时间让他们充分考虑后给出答案。奖励学生的努力并鼓励他们在个人学习过程中取得成功。

在整个实践中,基础的教学以及确保学生能集中注意力非常重要。正如比德尔(Beadle,2010,p.64)所说:

第四章　建构良好的课程结构并进行有效教学

拥有激情是一回事,能否传递给学生是另一回事,展现你的激情吧!感染你的每一个热情澎湃的学生,让他们在你的赞美声中甜蜜地歌唱。

什么让学习发生

参与式学习

有效的教学意味着成为一名经常反思的实践者,在教学的时候能运用相关的理论以及你的专业知识和经验。这需要你反复思考,并提出更有效的操作方案。(Biggs,2003,p.13)

正如比格斯(Biggs)所提出的,反思性实践是有理论支撑的,这能促使更有效的教学(和学习)。戴尔(Dale,1969)关注学习过程,尤其是有学习者积极参与的过程。戴尔认为,相比被动的学习者,积极的学习者充分参与了整个过程,记忆会更加深刻。尽可能让学生积极地参与课堂,这不仅能带来更大的成功概率,还能促进学生自主学习。自主学习者依靠的是他们的兴趣点或者是一个能让他们获得成功的活动,他们为自己的学习负责。正是这种责任感可以促使他们进步,并让他们对学习更有兴趣。这是源于对知识更深入的理解和更进一步发展的渴望。

从历史的角度来回顾整个教育,戴尔(1969)、比格斯(2003)和诺丁汉(2013)都以更传统的视角来看待问题,他们认为学生的学习是被动的:教师利用"粉笔和声音",学生则注意地听。比格斯(2003)把学习分成"深度学习"和"表层学习"两类:"深度学习包括了有效的学习活动,表层学习则没有。优秀的教学注重深度学习而不是仅仅关注于表面"(p.31)。

随着教育研究的展开,学习者的积极性成为关注的热点。学习者的热情可以让他们在学习的各个阶段全力以赴(将在后面章节着重讨论),帮助他们加深理解。诺丁汉(2013)认为学习是一个过程,而不是结果(p.12),这是每个学习者都要经历的,并在此过程中实现自己的目标。因此,教师应该成为支持者,肯定学生,帮助他们达到预期的目标。

学习投入

每个学习者都是独一无二的,他们获取知识、技能的途径以及处理信息的方式都是多样化的。因此,学生的学习参与性需要综合考虑个体特殊性,保证每一个学生都能获得成功的体验。选择何种类型的活动,筛检什么样的资源,以及如何向学生表达都是关键点。一个有趣的课程导入能极大地带动学生,后续的课程开展也要持续带来趣味性。一旦学生丧失了热情,整个学习过程将会终止。

师生关系也能影响学生的参与程度。你可以告知学生,你很重视他们的意见,肯定并奖励学生为学习所付出的努力。但是当教学话题带有低落意味时,对于教师来说这往往是一个挑战,一个专业的教师却能用有效的方式鼓励学生继续参与课堂。如果这些策略并不能奏效,请尝试以有趣的活动来代替,暂时中断正在进行的课程,让学生放松以积蓄活力与热情。例如:积极带动学生去发散性"思考",也许思考的内容与课程毫不相关,但是能为学生提供自由的空间,以便让他们元气满满地重回课堂。还有一个普遍的做法是,针对某个问题让学生各抒己见,自由交流。如果这类活动开展成功,可以变得十分有意义,也能激发学生的好奇心。例如:没有了方形,世界会是什么样?还有一些合适的探讨话题以及活动课程规划,例如吉尔伯特(2007)、基林(Keeling, 2009)、艾米妮(Emeny, 2012)和罗伯茨(Roberts, 2012)等人提倡的简短/短暂而有意义的活动。

> 小贴士:了解你的学生,尽量选择能够满足学生不同兴趣爱好的活动。鼓励自主学习,并在整个课程的各个阶段让学生独立思考,给他们时间去选择、探索和反思,不要让他们有所松懈。

实践案例——教师标准 4b

塔杰(Taj)

塔杰已经制订了一个有效的奖励制度,以激励他的学生学习。他的学生知道他们的努力、进步或取得的成绩都会得到回报。塔杰为所有学生提供每日获得奖励的机会,并且与班主任一起商讨奖励的时机以及奖励的方式,鼓励学生相互赞美和奖励。

乔治娅(Georgia)

乔治娅采取以学生为中心的方式来处理新课题。她首先针对某个课题,向学生询问他们所了解的知识以及他们想知道的内容,这些课题还具有充当评估工具的额外作用。将学生提出的问题写在教室的显要位置,学生可以在课外时间查找答案,如学生可以选择在休息时间完成问题,或者作为额外的家庭作业通过独立访问在线资源、查找答案等方式来完成。

参照教师标准4b进行实践时,你需要考虑以下几个关键问题:

- 你的学习和教学理念是什么?
- 你从理论上了解了教育学的哪些内容?你如何将这些知识应用于你自己的学习和教学中?
- 你如何引导学生在课堂内进行有效的学习?
- 你如何帮助"被动学习者"?
- 你如何扩展你的学习经验,并激发学生的学习热情?
- 你有什么促进学生参与的策略?

教师标准4b可能的证据来源:

- 学生的反馈;
- 观测数据;
- 课堂展示;
- 课外活动;
- 教学;
- 课堂中学生的参与。

4c:通过布置家庭作业等课外活动来巩固和扩展学生所学知识

课堂外

如果学生参与某个话题,他们会热衷于寻找提高现有知识水平的方法。学生应该并且需要机会在课堂以外进行独立学习。课堂外学生的独立学习仅仅依靠布置家庭作业是远远不够的,学校还要将课外学习范围延展到学校郊游、网络论坛等,例如学校博客为学生提供互动学习机会。信息技术强化学习正在成为学校的基本准则,以社交网络和技术为基础的家庭学校项目也成为许多学生乐意选择的学习方式。很多学校为学生参与这样的课外学习活动提供机会,或者是允许学生在合适的时间内参与课外活动。一些学校已经开发了"愉悦清晨"(soft mornings)项目,允许学生在较灵活的时间范围内与家长一起上学。并且,学生和家长可以自行选择登记他们要参与的跨阶段的课外学习活动。证据表明,这种方式不光能增进学校与家长的联系,还能促进学生后续的学习。

在伯明翰市,希尔斯通(Hillstone)小学的教师们进行了一个以布置家庭作业来鼓励学生自主学习和鼓励父母参与学生学习的实验,这个实验包含了布鲁姆的教育目标分类思想(Bloom et al., 1956)和优秀实践的包容性思想,并基于一个特定的主题或焦点提供选择机会。为了鼓励学生参与课外学习活动,学校教师定期布置专题作业用于学生课外学习。除了满足乐于自主挑战和扩展知识的学生,教师要求学生在规定时间完成每个特定部分,以此给学生提供独立完成跨学科课程作业以及参加学生喜欢的活动的机会。这种带有特定主题任务的课外学习活动同样也增强了家长与学校的联系。比如,通过和家长讨论特定主题,教师也可以通过家长来鼓励学生学习。在希尔斯通小学教师朱蒂(Judy)的同意下,我们进行了数据调查,如表4.1所示。

早期调查结果显示,学校这项实验得到了家长和学生的积极反馈,获得了成功。

教师可以为学生安排长期的课外学习活动,让学生在课外深入探索知识。设立竞赛活动,激发学生的求知欲望。包括家长等校外教育机构或者教育人员,可以参与进课堂内的学生学习活动。同时,当地学校应该和英国国内外的其他学校建立合作伙伴关系,丰富课堂内外的学生学习活动。

表4.1 "三大步"家庭作业网格(Bridges,2014)

	高阶技能的发展					
布鲁姆分类法	知道	领会	应用	分析	综合	评价
语言 我喜欢阅读、写作和讲话	找出五个关于印度的有趣的实事	重新讲述传统印度故事	锡克教中的5Ks是什么	假设自己是住在印度来写一篇日记	做一份旅游指导吸引人们去巴塞罗那	发现哪些动物在印度是神圣的及其原因
数学 我喜欢研究数字和序列	印度的伯明翰到新德里有多远	真命题或假命题:恒河是世界上第二长的河流	印度、西班牙和亨利因阿登(Henly-in Arden)的人口是多少	学会用印度语从一数到十	画出锡克教符号并探讨对称线条有多少	研究五件关于泰姬陵的真实事件

续表

高阶技能的发展							
布鲁姆分类法	知道	领会	应用	分析	综合	评价
视觉/空间 我喜欢绘画绘图	画西班牙旗帜	设计亨利因阿登的标志	你能用印地语写你的名字吗	复制毕加索的画或创作出毕加索风格的画	创建一个3D印度寺庙	评价毕加索的画作并给出自己的意见
运动 我喜欢做手工、运动和舞蹈	印度和西班牙著名的运动是什么	再次展现巴塞罗那足球团队的关键瞬间	学习简单的宝莱坞动作并在课堂上分享	不同的宝莱坞动作分别代表什么	创作一支弗拉曼柯舞蹈	如果你能走三大步,你会怎么走以及原因
音乐 我喜欢制作音乐和听音乐	在网上看宝莱坞的剪辑	研究印度的传统乐器	用自己写的歌或说唱歌来表达所学的主题	听西班牙语吉他音乐并写下你的感想	自己创作西班牙风格的音乐,是什么让它具有西班牙风	比较西班牙和印度的音乐,你更喜欢哪种以及原因
人际关系 我喜欢与他人共事	找出亨利因阿登著名的东西	成品加工说	设计适合自己独特口味的冰淇淋并在亨利冰淇淋店售卖	尝试印度食物,你喜欢什么	设计自己的莎丽服	讨论你和家人是否赞同西班牙斗牛的活动
独自思考 我喜欢独自工作	写下六个西班牙语国家	甘地是谁	你愿意有两千个卢比还是两百欧元	研究印度或西班牙著名的地标	在手上设计一个指甲花文身图案	你愿意去印度或西班牙旅游的原因

实践案例——教师标准4c

基思（Keith）

基思在学校网站上建立了一个班级博客。学校的工作人员允许学生张贴与当前课堂主题有关的信息和链接。博客会涉及课程内容，家里没有网络链接的学生可以通过午休和午餐时间的"VIP通道"来获取相关信息。

杰奎琳（Jacqueline）

在每学期的期中，杰奎琳给她的学生布置长期的家庭—学校任务，要求学生通过课外活动去拓展学习课堂中的知识。例如，杰奎琳在课堂中讲授热绝缘体，她要求学生们为寒冷天气中的探险者设计制作御寒衣服，学校和学生家长要提供相关材料，杰奎琳提醒学生们要考虑衣服的生态因素、舒适因素和实用因素等，并且要求学生们制作完成后相互评价对方的设计。

参照教师标准4c进行实践时，你需要考虑以下几个关键问题：

- 你如何调整家庭作业网格来增加学生的校外学习机会呢？
- 你如何帮助学生在校内学习时间参与课外学习活动呢？
- 你如何激励学生参与课外学习？
- 你通过什么方式鼓励学生家长（监护人）参与活动？

　　教师标准4c可能的证据来源：

- 学习日记和家庭作业日记；
- 为学生提供课外机会；
- 学生家长商谈反馈；
- 学生反馈；
- 学生进步情况。

4d：系统地反思教学经验和教学方法的有效性

教育学涉及两方面的学习。一是与学生学习的内容和方式有关；二是关于教师作为学习者学习有关教学组织和专业知识等内容。(Loughran,2010, p.21)

学习教学和与学习教育相关的理论是反思性教师的基本属性。作为一名教师学习者，您可以建立必要的技能组合，以更有效地识别与学生学习有关的教学问题，从而在学生进步的过程中为学生提供支持。

批判性地反思

为什么反思

一个有能力的教师所具备的素质之一就是能够进行自我反思，即扮演"反思性实践者"的角色。反思是有效实践的一个组成部分，因为这可能会影响教师的实践并最终影响学生的进步。通过参加定期的反思活动，教师可以及时调整和改进练习，从而为与他们一起工作的学生提供最好的机会。

反思和学习

关于反思性实践的研究有很多，为了提高专业水平，理解反思的优点和意义非常重要。盖亚(Ghaye,2011)总结了四种常见的反思类型：行动反思、实践反思、行为反思、结合行为反思(p.6)。舍恩(Schön,1983)以及该领域其他研究人员(Kolb,1984; Gibbs,1988; King, Kitchener,1994)认为，反思的定义是参与反思活动的关键，并应知道如何有效证明这一点。有趣的是，盖亚(2011)考虑了教师对实践反思的看法，认为不同的教师对于反思会有不同的看法(p.21)。 此外，研究发现的结论是，许多人不知道如何批判性地反思或如何从中获得最佳效果(p.x)。盖亚(1998)认为：

教学是有价值的实践。价值观有助于教师进行决策。证据可以帮助教师做出明智和符合原则的决定。有效教学要求教师对实践中的证据进行系统、严谨的反思。反思性教学和学习是以证据为基础的。(p.9)

那么，如何收集相关数据呢？ 盖亚(1998)认为，"实践反思"可以是不同类型的。他提出了五种类型：

- 描述性反思实践，这是个人的和回顾性的反思；

- 理解性反思实践,这是将教学与感受联系起来的反思;
- 接受性反思实践,这是将你对事物的看法与他人的观点联系起来的反思;
- 互动性反思实践,这是将学习与未来行动联系起来的互动反思;
- 批判性反思实践,这是将个别教学置于"更广泛"的体系中的反思。(p.9)

将上述几种类型视为反思实践的可能模式,为教师提供了机会,首先是反思的目的,其次是达到目的所需的证据。

加深对反思模式的理解是有益的实践,图4.2中的简单模型可能提供了一个实用且易于理解的观点,可以通过收集问题的方式,以便为忙碌的反思性课堂实践者提供有目的的反思。

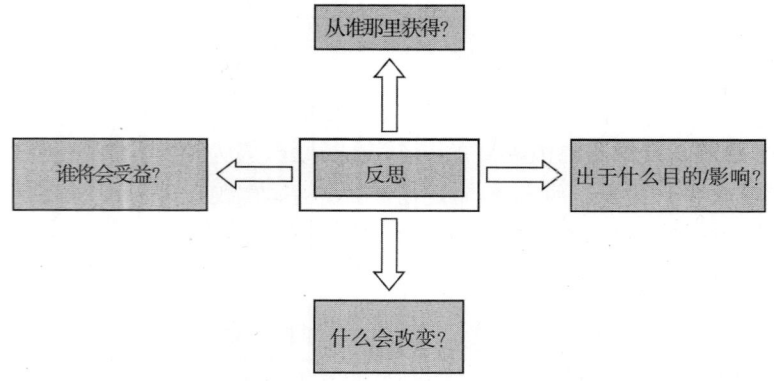

图4.2　问题反思

一旦考虑了这些问题的答案,就可以计划在上课时间和课后进行反思,以便分析并计划未来的行为。在精心策划的课程中,进行反思性练习并积极参与学生的活动,可以产生最大的影响力。通过为学生提供定期参与反思活动的机会,他们可以在课程中掌握自己的进度并加以改进,也可以将此作为评估学生的工具,让学生积极参与教师组织的反思实践活动。

比尔(2012)扩展了对学习评估的想法,认为评估应该嵌入课程和课堂氛围中,使其成为学习评估和反思的素材。正如前面所讨论的,在整个课程教学中,反思应该经常发生,鼓励在课堂实践中嵌入独立的学生反思。这种"主动的学生反思"行为可以通过"小型全体会议"进行。在课程的最后阶段,教师能够利用这些知识来调整后续的学习和教学经验,以确保实际的课程结果。当然,这些"下一步"不应局限于未来的课程规划,而应该灵活调整以适应和支持课堂以外的学习。

第四章 建构良好的课程结构并进行有效教学

如何反思,确保未来的影响

考虑了一些更常见的定义和反思的目的,这里有几个教师参与小学课堂反思的案例可供讨论。

在课程中

首先,确定反思的目的。无论反思是为了改进你的实践还是为了你自身的学习或促进学生的学习,它都可以在课程中定期发生。通过与学生交流和有计划、有技巧的提问,每堂课内都可以有教师的反思。这种反思形式可以提供丰富的数据,用于改进未来的规划,甚至可以调整课程。对学生需求的回应也是反思的重要部分。便笺本是捕捉记录那些可能发生的或已经发生的重要时刻的便利工具。正如我们前面所讨论的那样,通过规划为学生提供反思的机会,学生可以掌握他们的学习进度,并且这些数据可以被用于教师评估和积极强化。

课后

课程计划或课程评估可能会影响未来的规划。通过这种反思,它可以让班级教师适应未来的计划,改进和重新规划以适应学习者的发展需求。教师要考虑如何反思以及为什么反思。正是随着这种自我认识的加深,有效的反思才能对实践产生影响。

长期的例子可能包括:

- 在同事正式参与课堂观察并提出意见之后;
- 在大学职前准备阶段;
- 通过年度行动计划和主题评论;
- 作为绩效管理评审或评估的一部分。

虽然这不是一份详尽的清单,但它囊括了学习和教学环境中开展评估的系列场景。在有效实践中,班级教师的目标应该是与这些领域进行大量接触,这会反过来影响短期、中期和长期目标,更重要的是促进学生的进步。

> 小贴士:鼓励学生在自己的书中记录自己的成功和发展需求(年轻的学习者也可以使用图像或让其他成人帮忙抄写)。这种与学生的沟通可以调整并完善教师自身的评估和回应方式,以确保学生的意见被倾听并得到反馈。

实践案例——教师标准4d

迪肯（Deacon）

迪肯为每个主题领域创建了一本反思日记。在每届会议结束时，迪肯会在期刊中发表反思意见，并使用这些内容来调整未来的计划。

尼科尔（Nicole）

在每场会议结束时，尼科尔都会给她的课程计划做注释。这些计划都会留有一个专门的空白处来写反思，反思部分经常涉及学生的进步和后续步骤。此外，尼科尔要求学生在会议结束时参加反思性评估，鼓励学生以各种方式与她分享自己的反馈意见。

参照教师标准4d进行实践时，你需要考虑以下几个关键问题：

- 考虑你参与反思实践的方式，它们是如何影响教学和学习的？
- 你了解哪些反思类型，以及如何利用反思来丰富你的练习？
- 你将如何在实践中建立更多的思考机会？

教师标准4d可能的证据来源：

- 课程中；
- 带注释的课程计划中；
- 总体而言，在课程或工作单元结束时；
- 在同事的正式观察之后；
- 在相关专业研讨会期间；
- 反馈给学生；
- 作为规划过程的一部分——适应、改进、重新规划；
- 通过年度行动计划和主题评论；
- 作为绩效管理评审和评估的一部分。

4e：设计和提供相关学科领域内对学生有吸引力的课程

计划

什么是计划，目的是什么

一个计划可以被定义为"教师在学习期间需要学习什么以及如何有效完成学习任务的路线图"（Milkova, 2014, n.p.）。

首先，我们必须考虑一个计划的目的——为了谁和为了什么？答案是为学习的进步做准备，并指导所有与学生一起工作的成年人。当然，这可能包括高层领导人、主管或中层领导人。

什么是不同类型的计划的例子

计划的格式在不同情境下可能有很大差异，但是所有成功计划的重点是学习。正如宾利-戴维斯（Bentley-Davies, 2010, p.57）所指出的："知识和理解的深化应该是课程计划的关键因素。不要考虑学生将要做的任务，而应该专注于学习。"

长期

长期计划通常考虑关键目标或结果，提供一个或多个主题领域。通常，长期计划可能包括不同年龄段之间或一个年龄段之内保持的连续性和阶段性进展。长期计划主要是作为总结和指导中期计划的制订和实施。

中期

中期计划因学校而异。中期计划的目的是更详细地概述某个学科领域内的一个工作，例如超过半个学期的计划。中期计划主要包括：关键目标和预期成果、和国家课程（DfE, 2013b）保持一致、详细的学习过渡步骤、强化跨学科间的联系、评估机会、资源以及个别专项内容等。一些学校非常重视课程内容的细节分类，而另一些学校则偏爱不太规范的方法。中期计划通常涵盖短期计划。

短期

短期计划是每周或每天的计划，详细说明一个班级或年级小组的具体情况。短期计划既可以作为年级团队的发展计划，也可以是教师个人的。短期计划提供了深度思考的机会。

通过有效的计划来保证学生的进步

宾利-戴维斯(2010)认为：

计划好课程最关键的一个方面是课程目标的有效性。一个好的课程需要在课程的开始、中途以及课程结束时明确地表明学生已经学习的内容。(p.75)

如前所述，有效的计划可以作为确保学生进步的工具。通过设计有吸引力的课程，让学生既受到支持又受到挑战，有机会发展并因此取得进步。应该鼓励学生成为自主学习者，应该提供机会来促进这一点。无论不同环境下的短期计划在设计上有何差异，都会存在一些关键主题，博学的教师应该要考虑这些主题。图4.3中的模型由罗宾汉(Robin Hood)小学的领导提供，探讨了短期计划中的一些关键要素。

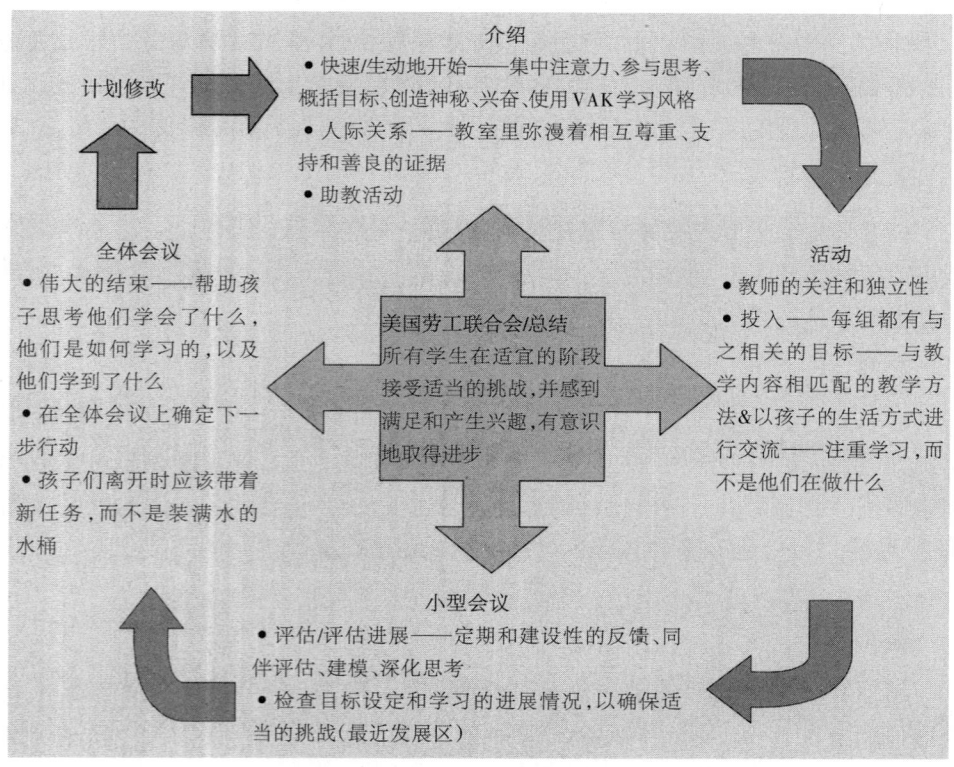

图4.3　计划修改(罗宾汉小学提供)

第四章 建构良好的课程结构并进行有效教学

图4.3中的模型建立在流畅、灵活的教学理念之上,教师提供了学习、反思、评估和进步的机会。无论规划的形式如何,图中的关键考虑因素都为有效的学习和教学铺平了道路。表4.2中的示例演示了如何应用此模型,它重点关注学生独立学习和建构有效的课程。

表4.2 短期计划的例子

英语重点:选择词汇有效传达人物特色		学期:暑假第二学期	
目的:在叙述中,描述背景、人物和气氛,并结合对话来传达人物 我们正在学习:使用描述性技巧来有效地阐释角色 目的和观众:以技能建构的课程,旨在使用描述性文字有效地向读者传达不同角色的要求		助教:帮助中游学生利用问题扩展能力,例如你能怎么更有效地描述X?立即向助教提出问题 重点:通过词汇和句子结构来促使中游学生取得进步 总结:中游学生对学习的扩展和兴趣(将任务/问题提供给助教) 其他资源:报纸;白板;电影;成功标准;词汇;挑战;任务;问题	
	学习成果	课程导入	活动过程(30分钟)	总结(5分钟)
W	这节课结束后,学生应该学会: 上游学生:我可以概括内部和外部特征以及行动,使用一系列丰富的语言来描述人物特征	修改"VIP"独立海报:你将如何展示你的独立性?介绍目标(2分钟) 上游学生:概括内部和外部特征以及行动,使用一系列丰富的语言来描述人物特征 中游学生:概括内部和外部的特征以及对动作进行描述 下游学生:概括内部和外部特征 注意:有视力障碍的孩子应该坐在靠近黑板的地方,应使用特定的工具帮助其学习并进行个别指导	目标: 上游学生: 写一个描述性的句子,停下来,独立改进,使用丰富的语言和不同的句子结构来影响和吸引读者 中游学生: 写一个描述性的句子,停下来,独立改进 下游学生: 在课堂反馈(教师)的词汇提示、引导、支持下写一个描述性的句子,停下来通过模板范文进行改进,再继续独立写	你是如何达到成功的标准的?寻找证据和分析,给予就会有收获 分享学生描述的有效例子。为什么这个描述是有效的?与成功标准相关联

续表

	学习成果	课程导入	活动过程(30分钟)	总结(5分钟)
W	中游学生:在描述人物时,我可以概括内部和外部特征以及动作的描述 下游学生:在描述人物时,我可以概括内部和外部特征 与已有经验相联系:学生需要提高文字描写的吸引力,展示语言的多样性和结构的多样性	模板:分享角色描述的模板。这是一个有效的描述吗 与目标相关并加强(2~3分钟)	挑战:学生自主选择不同的词汇挑战 额外挑战:你还可以使用哪些额外的语言特性来吸引读者? 写一段与你描述的性格相反的人物描述 支持:为学生们的思考提供关键词句。教师和助教提供模板和问题引导	我们在这次会议中发展了什么——你更擅长什么 哪些对你而言仍然是挑战 下一步:教师的笔记随着课程的进展而增加
		开始:播放影片《向上》的剪辑,以显示人物特征。学生记录描述内部和外部性格特征的词汇和短语(5分钟)		
		剧情:想想《向上》中人物的性格特征。在房间里随意走动 讨论、小组、分享:你为什么这样移动?(因为他患有关节炎等)(5分钟)		
		主要任务:为了有效地描述一个角色(2~3分钟),为了写出一个有效的描述,我们需要……要求学生为成功制订标准 成功的标准(教师课前的想法) ● 选择有吸引力的、范围广泛的词汇(包括修饰词) ● 改变句子结构的效果 ● 包括内部和外部的特征 明白了吗?那就转向独立写作:你将如何改进你之前的描述性写作?当你认为自己已经完成任务时,你将如何表现你是一个重要人物 没有明白?那就与教师共同写作,然后独立行动	贯穿始终的小计划(根据学生需要调整) (常规)停止!你是否正在努力达到你的成功标准?你怎么知道你是成功的? (具体)强调三个优秀的词汇/短语选择,有效地传递角色,与伙伴(收集者)分享	

表4.2中的示例性短期计划展示了一个典型性的结构,即在制订延续性和短期规划时可以考虑的基本"要素"。尽管计划格式和风格可能不适合所有的情况,但它可以作为课程的关键阶段范例。显著的特点包括:

- **支持评估的关键问题**:支持学生进步、制订自主学习计划与提前准备好问题对于课程的成功至关重要。应该仔细考虑措辞来帮助学习者,鼓励他们迎接挑战并促进其进步。他们还将为教师评估提供绝佳的机会。
- **明确分组**:确定哪些学生将在课程的哪个阶段工作。这将有助于教师进行课堂管理,此外,还要仔细考虑支持学习的最佳安排。小学生不需要在整个课程中都固定待在被分配的小组中,给他们提供自由活动的机会通常很有用,例如"混合/配对/分享"活动(Kagan et al.,1995),这些可以让学生的激情燃烧。
- **其他成年人使用细节(并在课程的各个阶段为他们提供支持)**:课程计划不仅需要指明其他成年人将在课程的各个阶段与谁一起工作,更重要的是,他们将要做什么来支持学习者。为了最好地支持学习者,预先计划其他成年人的关键问题和提示是至关重要的。
- **参考关键文件和评估标准**:更重要的是要以关键文件为基础,以国家课程(DfE,2013b)等主题领域为标准。在中长期计划中,这些因素必须深度考虑,不过,同时确定短期计划的重点仍然很重要,可以追踪计划的连续性和进一步的发展方向。此外,参考具体的评估标准可以帮助教师识别学生的潜在进步机会,并显示教师是否了解自己的学生目前处于什么样的水平。
- **明确列出所有学习者的目标和不同的预期结果**:学习目标是"我们正在学习的内容……",主要目标应直接与国家课程和所有学生的预期成果相联系。确定课程的关键目标至关重要,因为这可以提供明确的重点。所有的学习都应该直接回到关键的目标/成果上。预期成果只是本课结束时学生群体与目标的差距。预期结果可以区分学习者,并为学生指明进步的方向。
- **为学生提供成功的标准**:如果学生明白如何成功,他们更有可能达到预期的目标。鼓励学生思考他们如何实现目标,让他们参与成功标准的制订,虽然这些标准教师都事先考虑过,但将学生的不同想法并列比较通常是有用的,可以进一步理解学生的想法和帮助学生进步。因此,成功的标准是学生为了实现目标而需要完成的步骤。
- **挑战与支持学生进一步的学习与进步(不仅仅是额外的工作)**:应该为所有学习者设定挑战和支持项目,而不仅仅是那些有特殊需求的学生。尽管为有特殊需求的学生提供机会以取得良好进展非常重要,但也应该为所有学生群体提供可以进一步发展的方式,可能是以挑战的形式。挑战可能只是为了考虑问题,也可能是以成功为基础的推广活动,或独立创造具有挑战性的活动等。在课程计划中应明确指出这些挑战。

- **考虑先前的学习和接下来的步骤**:不仅应该知道某个单元的学习,而且也应该知道学生以前学习了什么。可能小组在过去一年中引入了主题,或者学生可能已经在家学习,了解所有学习者的前期水平很重要,因为这可以给学生提供最佳的学习机会,并采取正确的方式进行。学习的下一步可以在每节课的过程中和结束时通过简短的注释来考虑,或者让学生评价自己的发展。

- **自主和同伴学习的机会**:无论学生的年龄如何,促进学生独立都是至关重要的。给学生建立一个允许学生独立访问资源、活动和学习资料的学习环境,为他们的成功铺平道路。当其他所有可以思考和求助的方法都考虑之后,向教师请求支持应该是学生的最后选择,但学生必须在向教师提问前仔细思考。其他方法主要包括与同伴交谈(询问积极的问题,形成富有成效的谈话)、利用他们周围的资源(包括教室展示、书籍、期刊或设备)等。同伴学习通常为学生提供在安全的环境中进行改善和犯错的机会。与同龄人一起学习时,学生往往不会更加担心自己提交给教师的答案是否正确。

- **嵌入式反思任务和小型全体会议**:这些应该贯穿整个课程。如前所述,这些任务不需要让所有学生同时参与。基于他们特定的学习需求,学生小组可能被要求在课程的不同阶段进行反思和改进。

- **细分**:为了促进课程流动,事先考虑课程的时长是很有用的。但同时,课程应该保持流畅和灵活,并且不断适应学习者的需求。这个例子展示了一系列短期、有重点的活动如何与以学生为主导的持续性活动相平衡,并帮助学习者取得成功,促进学生的进步。

- **资源**:没有什么比你忘记整理重要资源更糟糕了。详细列出课程计划的资源,这是一个有用的备忘录。

上述内容作为指导,需要教师根据实际的学习环境和学生的年龄阶段来考虑这些内容,并根据你所在学校的学习经历和学生类型调整内容。

 小贴士:尝试在自己的环境中使用上述课程计划的关键元素,并根据自己的个人风格和学生的学习需求进行调整。

第四章 建构良好的课程结构并进行有效教学

实践案例——教师标准4e

肯尼(Kenny)

肯尼在一个年度团队中工作,负责计划每周的初步安排。每个成员都会为自己的团队考虑这一周的活动主题。在他的计划中,肯尼坚持学校的计划政策,并提供每个关键标题的详细信息。为了让所有与学生一起工作的成年人都清楚自己的活动和成果,除了描述学生参与的活动外,肯尼会说明如何支持学生。学生的进度和成果明显不同,课程结构允许学生进行各种学习,包括自主学习。

玛丽(Marie)

玛丽独立设计了具有挑战性的课程。她已经开始让学生参与计划的制订过程,并选择了班级代表来收集他们与玛丽分享的班级需求和希望得到的信息。学生更加投入,因为他们觉得他们在制订计划的过程中被重视。

参照教师标准4e进行实践时,你需要考虑以下几个关键问题:

- 你的计划是什么?
- 成功的课程计划的关键要素是什么?
- 哪里可以找到计划和参与活动的好例子?
- 课程计划何时失败?
- 为什么学生参与很重要?
- 你如何确保为学生提供最好的学习机会?
- 你如何调整当前的计划以促进学生进步?

教师标准4e可能的证据来源:

- 长期、中期和短期计划;
- 吸引学生参与的课外活动,如下午茶或聚会等;
- 工作人员会议记录和与同事的研讨记录;
- 教室内的工作墙。

本章小结

  思考你对学习的理解。发展你自己的学习和教学理念,你会更好地理解你是一位教师,以及你珍视的价值观。写下你的初步想法然后再细化它们,这是一个充满挑战的过程。回顾你的课程计划与策略,并考虑如何改进它们以改善学习。不要原地踏步,试着用新方法来规划和调整你的行动,以纳入这些新的理解。了解学生的优点和他们的发展需要。你将如何在日常生活中适应这些问题?你怎么知道你正在充分利用这些机会?你需要为此制订计划。让思考成为你日常练习中不可或缺的一部分。通过更广泛的阅读和研究,培养你对反思实践的理解,并始终将这些理解与学生联系在一起,因为他们是你所做的一切的核心。

  为教师和学生提供反思的机会,并使用这些反思结果来影响未来的学习。为学生创造更多在课堂之外学习的机会,了解他们的兴趣爱好并倾听学生的心声。鼓励学生分享,从而根据他们的个人兴趣培养更重要的家校关系。特别是要了解厌学者的喜好并利用它们。观察你周围其他人的优秀实践并思考哪些可以借鉴。最重要的是,要充满激情地学习,鼓励学生参与学习过程并热爱它——这是具有感染力的!你选择教师作为职业,培养学生对学习的热爱就是你的工作。

第五章
调整教学以满足所有学生的长处和需要

> 教师标准5——调整教学以满足所有学生的长处和需要：
>
> 5a 区分和使用对学生有效的教学方法；
> 5b 了解阻碍学生学习能力发展的因素，并且知道克服这些障碍的方法；
> 5c 了解学生的身体、智力和社会发展状况，并且知道如何调整教学以支持学生不同阶段的发展；
> 5d 了解所有学生的需求，例如：有特殊教育需求的学生、能力突出的学生、将英语作为第二语言的学生、残障学生，并使用独特的教学方法来吸引和支持他们。

这是什么

适应多元化的学生潜在需求，并以学生的优势为基础进行教学是小学教师面临的两大挑战。如果教师要满足他们不同的需求并让所有人都取得进步，那么学会将班级视为"个人的集合体"（collective of individuals）是教师应具备的基本态度。

如何体现

优秀的教师以了解自己的学生为荣，这不仅仅是简单地了解学生，而是真正地了解他们的学习动机，更为重要的是知道如何激发他们的学习动机。通过与学校环境中各种支持机制的互动以及学校政策的有效整合，教师可以在日常计划、实施和审核周期中嵌入好的实践策略，构建与教师标准5相关的证据库。给予教职工专业发展机会使教师能够在现有的知识范围内满足学生需要，并加深对这些知识的理解和认识，通过挑战和支持帮助学生取得突破性进展。在日常实践中灵活运用教师标准5，确保教师能够根据需要进行调整，必要时能够最大限度地让学生发挥学习潜能，与所有利益相关者进行有效沟通，并通过教师间的合作为学生提供最佳的学习机会。

章节概述

每个孩子都是独一无二的，有着不一样的个人情况、具体需求和一系列能力，教师有责任与父母、教育局领导、教学和支持助理、特殊教育需要协调员（SENCos）、外部机构合作，为所有儿童提供个性化教育。这当然不是一件容易的事，但这是每一位有效的教师需要承担的重要角色。比尔（2014，p.78）指出："优秀的教师认为他们知道班级中每个人的需求，并且有短期和长期的计划来监测变化和满足他们的需求。"

正是这种适应性——教师作为不断适应的"变色龙"——为学生的成功铺平了道路。

在本章中，我们将探讨以下关键主题：

- 实践中的差异化；
- 学习的催化剂和障碍；

- 准确地吸取经验;
- 儿童的身体、社会和智力发展;
- 包容性练习。

本章将为每个领域的理论提供背景知识,探讨优秀教师的教学方法和实践案例。通过参与关键问题和实践案例的讨论,教师将有机会练习和运用他们已获得的知识、技能和理解力。最后,本章将会介绍如何和在何处寻找相关证据和有用资源。

分述再总结

如前几章所述,我们将研究与教师标准5相关的每个具体标准,并鼓励读者对关键点进行思考,使读者能够考虑如何将教师标准5付诸实践以及如何为每个具体标准提供案例。

5a:区分和使用对学生有效的教学方法

如果学生要保持专注并取得进步,那么迅速调整教学并满足学生的需要是一名优秀教师的基本特征。正如第三章所讨论的,仔细观察学生的参与状况,并对学生的需求做出反应以满足他们,是一个不断完善的过程。成功的管理有各种各样的潜在障碍,针对不同特性的学生更是如此。一种对一名学生或一群学生有效的方法,可能对其他学生是无效的。当考虑到教师标准5a时,伍斯特大学(the University of Worcester,2015)建议教师要表现出突出的特点,"始终如一地教授能有效区分个人需要的课程。教学要考虑每个学习者在课堂上所取得的不同进步。由于优秀具有多元的标准,所有学习者都能够实现优秀的目标"(p.8)。

这让我们意识到,要让学生成为独立的个人,并有足够的适应能力从"剧本"中脱离出来,并采取必要的行动,才能让学生取得进步。这就是所谓的差异化,这对教师来说是一个非常现实的挑战。

为了增加差异化的明确性,让我们首先打破术语的差异化,然后在实践中阐述意义,进而证明它。

差异化只是为了给出三种不同类型的工作表吗?

为学习者调整经过充分考虑和具有针对性的工作表,不仅仅是一个自动选项。奥布赖恩(O'Brien)和基尼(Guiney)(2001)提出,差异化应该是学习不可或缺的一部分,而非计划之外和意外情况发生时的偶然现象(p.ix)。他们还认为"差异化的过程给教师带来了各种各样的工具"(p.54)。

这样的工具为学习者了解选择的可能性和做出选择奠定了基础,如果差异化被认为是嵌入有效的实践中,那么对于所有学习者来说,这是如何实现的?再次回到三维差异化工作表的概念,作为一种单独的方法,这可能不足以满足所有学习者的需要,除非它在整个课程中伴随着严格的监测和支持。

那么,这只是关于分组吗?

弗雷德里克森(Frederickson)和克林(Cline)(2009)认为,如果孩子在学校遇到特殊困难,他们会与其他被认为相似的孩子聚在一起(p.69)。虽然学生分组是可以确保学生的学习达到适当水平的有效方式,但如果没有教师的密切监控,学生可能无法有效地组合在一起,难以激发学习上的个人潜力。学生分组也有其优点。通过将学生安排在能力小组中,可以更容易地组织任务以适应更广泛的学生需求。同时,提供支持和挑战也应该成为差异化任务的一部分:区分差异化!

以下两件事情值得注意:

1. 不要认为通过给学生提供有趣的、原创的名字就能掩盖隐藏在背后的能力群体。学生们知道他们是如何与同龄人相处的。

2. 灵活分组。学生可以在群体间流动,"一刀切"在一个适应性很强的包容性课堂中根本行不通。无论如何,要形成一个新的教学结构,让学生在小组间流畅地移动,识别新的挑战和自主地进行下一步学习。

当然,教师要更好地了解个人的优势和发展的领域,我们将探索实现这一目标的更多途径。

使用你所知道的(或能发现的)

正如前面章节所讨论的那样,及时又准确地评估的重要性是无论如何强调都不过分的。"5W1H"方法(Who? What? Where? When? Why? How? / 谁? 什么? 何地? 何时? 为何? 如何?)又被称为"吉卜林方法"(The Kipling Method),这是因为吉卜林在他的诗《大象的孩子》('The Elephant's Child', 1902)的开头提到了上述每一个问题,该方法是教师开始研究最佳行动方案,使所有学习者取得进步的良好起点。

> 小贴士:思考一下你们小组的学生以及最近反映出一些学生可能没有达到预期进步的一个教训。尝试在一张大纸上写下"5W1H"的6个问题。使用这个评估来规划"5W1H",并考虑如何回答这些与差异相关的问题。例如,学生X和学生Y(谁?);确定将用于支持特定学习者学习的任务、问题、活动等(什么?)。继续通过尽可能详细地回答问题来制订规定。确定与课程各个阶段特定领域有关的个人需求;反映学生的座位安排和分组及其成效(在哪里及如何?);回顾你计划完成的任务(是什么?);并考虑支持学生的理由(为何?)。"5W1H"方法能有效地支持你深入理解如何和为什么区分。检查系统是否能帮助你计划后续的干预措施。

使用你知道的所有关于学生的信息,与学生讨论他们的发展需求并使用评估数据,为每个孩子在每个学科领域计划每门课程。一旦你掌握了数据并真正了解你的学生,你就可以开始探索与你的学生一起区分的有效方法,并证明它们。

五种常用的区分方法

1.**任务**:计划一系列贯穿整个课程的学习活动,让学生体验挑战和成功。鼓励学生进行自由选择,并为学生创造机会,自主地进入下一学习阶段。你的计划、干预、观察和学生自我评估或同伴评估将成为你的证据。

2.**结果**:你可能希望你的学生处在一个公平的环境中,在这样的情况下,证据是通过个别学生的学习结果呈现的,而这些结果反过来又会对随后的教学和学习产生影响。与学生交流观察结果,记录下交流情况作为调整依据。

3.**教学和支持**:如何为个人提供支持和挑战的课程是个难题。随着教学的顺利进行,你可以随时适应学生的需求。当教学变成信息的传递,就会出现问题。在教学中,与学生进行定期的检查和交流是必要的,通过专家的提问和与学生的无间隙互动可以看出学生的目标和定位。

4.**问题(和答案)**:当你想要对学生的需要做出反应时,可以利用学生的现有知识来计划你认为可能会成为挑战的问题,以适应他们的需要。更为重要的是倾听并回答他们的问题,但不仅仅是让他们接受答案,要继续深入研究他们为什么思考这些问题,他们知道什么。这就是所谓的"实时评估"。

5.**咨询**:你是教师并不意味着你必须做所有的工作。与学生交谈,询问他们的学习进展,让他们参加反思活动,创造一种鼓励学生勇于谈论自己的发现的氛围。让学生确定自己的发展需求,并告知教师,学生的声音是教师强大的改进动力之一。给学生留出时间确定下一步计划,并为他们提供选择。准备好在任何情况下去支持他们。

你自己的成功之路

赫伯特(Herbert,2011)认为,教师为了支持学生各阶段的学习应考虑不同学科领域和课程的现有学习情况,并计划通过必要的学习来推动学习者达到适合的学习目标。比尔(2014)较少关注制订计划的过程,更多地关注学习者进步的过程。比尔认为,这不是教师必须掌握的策略,而是教师监督和评估其影响并进行相应的调整的能力(p.76)。当条件满足学习者需要时,教师要关注该条件对学生学习进展的影响,并进行反思,以便进行必要的调整。它会在你的教学、计划、实施和评估中显示出来。熟悉学校政策,满足个别学习者的需要,并将其作为一种工具来支持你在课堂上的差异化。艾金斯(Ekins,2012)认为,多样性在21世纪不应被视为需要处理的问题,而应当鼓励学生发展自己的个性和个人能力(p.163)。通过了解学生的个别需要,并与他们进行定期的沟通,在实践中进行区分,从而使你能够制订培养学生的有效教学方法。

实践案例——教师标准5a

伊莎贝尔(Isabelle)

伊莎贝尔在早年就开始工作了。作为每天工作的一部分,她尽可能多地留出时间,以关键问题为目标与学生交流,了解他们。她会在便笺纸上做简单的笔记,并将这些笔记添加到学生的个人档案中。这些档案是学生们的发展蓝图。随着时间的推移,伊莎贝尔可以将学生的学习、进步、社交和情感发展联系起来,为学生量身定制特定的学习计划,以促使其取得更大的进步和发展。

罗恩(Ron)

罗恩承担一个年级四个班的数学教学任务,当课程计划启动时,罗恩根据学生的发展阶段为他们提供各种可参与的活动选项。经过简短的介绍后,他会展示五种与同一学习目标有关的差异化活动,由学生自行选择,然后进行自我挑战。他选择一群他认为需要支持才能继续前进的学生一起工作,鼓励他们通过与同伴开展谈话、积极竞争等方式来调动学习的积极性。同时,他对难以独立工作或与同伴合作的学生给予特别关注。

第五章 调整教学以满足所有学生的长处和需要

参照教师标准5a进行实践时,你需要考虑以下几个关键问题:

- 你对你的学生和他们的兴趣有多熟悉?
- 你采用什么策略来满足你班级的学生的个人需求?
- 当你计划提问时,你如何判断学习者的水平?
- 你如何以及何时使用学生咨询作为满足个人需求的工具?
- 教学时你的适应性如何?
- 你以何种方式区分学生?
- 你有什么证据证明你现有的做法是有效的?

教师标准5a可能的证据来源:

- 学生:倾听他们的声音;制订单独的计划并开展同伴评估;交流想法。
- 回应:来自学生的书面作业和教师的随行记录。
- 显示:确保教室环境和显示器的配置是为了支持和指导学生学习。
- 其他成年人:为其他成年人制订计划并确保他们熟悉预期的学习成果和个人需求;在这方面投入大量时间;在实践中挑战传统教学。
- 规划:这应该提供关于差异化、先验知识、学生需求和所有挑战的相关信息。
- 教学:确保这是准确的定位和学习的重点;随着课程的进展,调整你的教学;考虑如何对学生做出反应,并针对个别学习者提出问题;利用教学来支持个人和迎接挑战;而且要记住,如果学生能够继续前进并取得进步,他们无须长期参与整个课程的学习指导。
- 分组和环境:保持灵活并允许学生自由选择;确保你的课堂上的学生能够得到相关的支持。

5b:了解阻碍学生学习能力发展的因素,并且知道克服这些障碍的方法

正如前一节所讨论的,了解你的学生和他们的个人需求是有效教学的先决条件。对有各种需求的学生抱有很高的期望,需要准确评估他们的学习障碍,然后制订有效的计划帮助他们取得进步。人们从学习中获得的结果取决于他们的动机和意图,体现在他们已经知道什么以及他们如何使用他们已掌握的知识。

这种方法可以通过对学生的审查和评估来实现,可以通过正式的评估来解决,也可以通过观察和形成性评估来进行。最重要的是,任何潜在的学习障碍都是为了帮助学生取得进步。

潜在的学习障碍:如何识别和帮助学生克服它们

学习的障碍可能会以各种形式出现。它们可以是但不限于以下任何一种或组合:

1. 需求:学生是独一无二的,有着各种各样的需求,并且这些需求有不一样的表现方式。教师要认识到需求对于学生学习和进步的影响。有些需求学生会以不适当的方式表达出来,教师需要认识它们并在它们出现之前做好准备。在确认学生具体的需求时,首先需要参考以前的教师或家长提交的关于特定学生的信息。此外,利用好向家长咨询的机会、倾听孩子的声音也很重要。

2. 环境:正如第一章所讨论的,环境在支持学生的因素中起着重要的作用。例如,在准备学习环境时,要意识到外部刺激、家具、室内味道、颜色、整体印象等关键因素。同样,需要知道学生是否具有不适应这些环境的特征,或者这些环境是否会引发学生的不适。当教师与学生越来越熟悉的时候,这些信息将很容易获取。但是,在早期阶段要尽可能根据掌握的确切信息来做出合理反应。

3. 社交:对于学生来说,学校生活不仅仅是学习,也是一种社交体验。虽然社会因素可以培养学生积极地适应社会能力,但它也具有抑制学习的一面。需要考虑学生可能会遇到的社会困难,并建立一种积极的课堂氛围,让学生们感到问题可以被讨论和解决。比尔(2014)认为,与学生的融洽关系和同理心是确保学生学习进步的关键因素。融洽就是与一群人进行深入的交流,激发出良好的合作动机。与学生建立融洽的关系,并充分了解学生的兴趣、需求和面临的挑战,有助于教师与学生建立一种积极的师生关系,并让学生感受到自己的价值。因此,教师需要考虑学生发展的社会因素,并投入资源引导这些因素,以支持学生学习。

4. "被困住"是学习的经典障碍。推销活动(pitching activities)在促进进步的过程中是必不可少的,它能使学生达到目标,同时也为他们提供挑战。正如前几章所讨论的那样,要想尽量提高教师的效率,让学生独立是非常重要的,但也要在学生需要时给予支持以帮助他们自主学习。同样,营造一种让学生认为自己可以接受挑战的课堂氛围也至关重要。

第五章　调整教学以满足所有学生的长处和需要

> 小贴士：在伯明翰罗宾汉小学，高级领导小组的成员们开发了一系列旨在促进学生独立的学校海报。海报列举了一些简单的步骤来支持学生使用他们掌握的工具，以便在询问教师之前自主掌握。通过重新定义"被困住"的概念，海报传达出明确的信息：被暂时困住是可以的，这意味着你需要不断地学习。

如何平衡个别学生的需要和整体需求

当面临大型班级规模时，满足学生个人需求可能成为一项挑战。试问班上有30名学生的时候，孩子的学习在多大程度上可以个性化？理想情况下，可以通过制订自主学习策略，让学生积极参与学习过程并开展自我评估来实现这一点（Harris and Lowe，2014，p.94）。在考虑个人需求时，评估策略的细化是至关重要的。正如罗宾森等人（Robinson et al.，2013）所言，当你在课堂上提出问题并倾听学生的回答时，形成性的评估是一分钟一分钟地进行的。你需要从学生的回答中收集信息以调整教学，并根据学生的反应来调整课程计划（p.80）。因此，在教学时要确保学生的进步，可以使用所有经过调整的评估技巧来满足学生的个性化需求，并赋予教学灵活调整的空间。

实践案例——教师标准5b

丽莎（Lisa）

丽莎是一个教学助理。她照管的是一群不情愿学习的学生，这些学生有着各种各样的需要，她的目标是在班级老师的支持和指导下为这些学生提供定制的学习机会。丽莎花费大量的时间了解他们的兴趣和学习动机，并利用这些机会让他们参与学习，提高他们的学习能力。尽管这些学生的一些行为具有一定的破坏性，丽莎仍对他们的行为和学习给予高期望。丽莎告诉她的学生自己关心他们的幸福。丽莎采用的这种支持学习的方法，让学生们对她和他们自己都充满了热情和尊重。

多米尼克（Dominic）

　　多米尼克是一名为小学3~6年级学生，即英国公立学校系统中的第2关键阶段（Key Stage 2）学生提供餐饮服务的晚餐主管。在晚餐期间，多米尼克注意到，尽管晚餐主管们尽了最大的努力，但午餐时间遗留的学生冲突往往仍未解决。多米尼克与班主任进行沟通，并建立了一个午餐时间的俱乐部，学生可以参加以寻求解决问题的方法。该俱乐部吸引了许多学生，学校也开始对一些问题进行调解。

　　参照教师标准5b进行实践时，你需要考虑以下几个关键问题：

- 你在自己的环境中目睹到什么障碍？
- 为了克服学习障碍，你看到同事们采用了什么策略？
- 在你自己的反思实践中，你是否根据自己对学生进步的评估和那些阻碍学生进步的因素来确定下一步和发展？

　　教师标准5b可能的证据来源：

- 学生的声音：听取学生的说法和观察他们的行为。
- 观察：密切关注教室和外部环境（例如操场）中发生的事情。这些观察可以帮助你捕捉那些可能被忽略的细节或学生选择不分享但重要的信息。
- 课堂环境：如何支持学习和减少障碍？仔细研究这一点，与学生合作，就能产生结果。
- 规划：你计划如何展示对学习障碍的理解，以及如何用它们解决这些问题？
- 你对学生提的问题和回答：仔细计划问题，以最大限度提高学生的学习效率；为个别学生设计问题，并花时间以促进学习的方式回应学生。确保你传达的问题是有价值的。

5c：了解学生的身体、智力和社会发展状况，并且知道如何调整教学以支持学生不同阶段的发展

　　新入职教师培训（initial teacher training，ITT）课程的基本部分是在不同关键阶

第五章 调整教学以满足所有学生的长处和需要

段参与学校的学习。在初级教师培训中,你可能会在基础阶段、第1关键阶段或第2关键阶段积极参与设置活动。在此阶段的培训过程中,你将会对与学生学习和发展有关的教育学有所了解。

通过分析与儿童发展相关的特定学习成果,你可以提出满足学生具体需求,符合他们的身体、社交和智力发展阶段的教学计划。在肯·罗宾逊(Ken Robinson)爵士发表的题为《改变教育范式》(RSA Animate,2010)的有趣演讲中,他探讨了英国标准化学校教育制度的概念,即根据学生的年龄对学生进行分组。罗宾逊认为,孩子们逐年通过教育系统受到"批量"教育,并质疑"孩子们最重要的共同点是他们的年龄"这个假设(RSA Animate,2010)。当然,这是在探索小学生教育和发展,制订规划措施以支持不同发展阶段学生学习时需要考虑的重要因素。

为了研究适应儿童发展过程的具体需要,我们将首先考虑儿童发展阶段的意义,然后探讨教师如何利用这些信息来满足个人的需要。

有充分的证据表明,儿童的发育速度不同。如教师标准5c所概括的,布尔曼(Bulman,2006)将儿童成长与发展划分为以下三个关键领域:

- 身体素质:身体在功能和技巧表现上有所提高;
- 社会和情感:孩子的身份、自我形象、人际关系、情感以及学会与他人一起生活的技能;
- 智力:学习技巧、理解力、记忆力、专注力。(p.2)

现在,让我们依次研究这些领域,并探讨教师如何在教学中贯彻上述标准。

身体素质发展

孩子的身体素质是早期基础阶段(the early years foundation stage,EYFS)(DfE,2014c)的重要组成部分,教师可以通过日常互动行为来进行观察。随着时间的推移,孩子的本质会随着他们与周围环境和人物的交往而发展。

EYFS(DFE,2014c)将幼儿早期的身体发育定义如下:

身体素质发展包括为幼儿提供积极互动的机会,并发展他们的协调能力、控制能力和运动能力。还必须帮助儿童了解体育活动的重要性,选择健康的食物。(p.8)

虽然孩子的身体素质发展包括一系列的发育阶段,但对于教师来说,重要的是粗大和精细的运动技能。埃万耶卢(Evangelou et al.,2009)等人利用一系列早期儿童发展理论家的工作深入地研究了这些领域。关键的粗大运动技能具体表现为步行、跑步、跳跃、投掷、跳跃和平衡(p.67);精细运动技能被称为"手动控制",即使用手和手臂来控制物体的能力(p.69)。

109

社会和情感发展

孩子的社会和情感发展包括与他人建立良好关系，了解自己和他人的感受，并学会"社交"的方式。EYFS(DfE,2014c)将其定义为：

个人、社会和情感发展包括帮助孩子培养对自己和他人的积极意识；建立积极的关系，学会尊重他人；发展社会技能并学习如何管理自己的情绪；了解在团体中的适当行为；对自己的能力有信心。(p.8)

布尔曼(2006)认为这方面与早期教育的质量密切相关。一个孩子的社会和情感发展可以在学校环境中以多种方式表现出来，这些发展阶段如何被关注并用作支持学习者的工具，则是教师关注的重点。

智力发展

智力发展关注认知与其他方面的发展相关联。本书的大部分内容研究了教师如何支持孩子的智力发展，并仔细研究了诸如杜威、维果茨基、皮亚杰、斯坦纳、蒙台梭利、班杜拉等学习理论家的作品，对儿童认知的复杂性以及从中发展自己的教育理念提供了很好的概述。教师需要能够利用相关信息因材施教，并在适应学生需求时做出明智的选择。在考虑教学和学习的差异时，奥布莱恩(O'Brien)和金尼(Guiney)(2001)讨论了四个影响学习者的能力因素——教学、社会、情感和认知。他们认为，在对这些因素进行解释的过程中，关键是在差异化的教学和学习系统中综合这些因素，以使学习者能够发展自我意识和自主性(p.55)。因此，学生们有潜力成为自主学习机会的自主创造者，形成需要学习的自我意识。

完美的音调

根据你所教的年龄阶段，教师标准5c应该在包容性的课堂上自我呈现。伊万吉鲁(Evangelou et al.,2009)等人讨论了为学生创造"有利环境"这一概念，目的是让所有学习者都能学习、发展和成功。这包含了：完全差异化的课程；充分展现的包容性精神；与学生、家长和其他专业人士进行有效的对话。还应该通过游戏在教师的照管范围内为学生提供学习和调适机会。对儿童教育学和发展过程的深刻认识和理解是有效实践的基础，应促使教师运用这些知识推动学生成功，并让教师的练习成为"完美的音调"。

第五章 调整教学以满足所有学生的长处和需要

实践案例——教师标准5c

弥迦(Micah)

弥迦承担4年级教学任务,并在其他年级进行定期的同行观察以发展自己的实践技能。弥迦与从初级阶段到六年级的同事联络,并通过观察实践,关注教师如何适应学习者特点,满足其发展阶段的需求。通过与同事进行专业对话和批判性反思,弥迦制订了一系列影响他日常实践的支持措施。

艾米(Aimee)

艾米在为她的2年级课程设计学生自主学习时使用了STEPS(CfSA,2008)方法。STEPS方法完全嵌入她设定的计划流程中,确保所有与班上学生一起工作的成年人都是计划过程中不可或缺的一部分。通过使用这种方法,可以随时识别那些需要额外帮助的学生,以促进他们的学习和进步。

小贴士:在考虑取得成功的结果并为此制订计划时,你可能希望考虑采用STEPS方法。这种流行的、具有包容性的小学素质教学方式,要求教师在教学规划和实施时考虑并确定以下五个关键要素:空间、任务、设备、人员和结果。在一部名为《素质教育:支持天才和天才儿童》的出版物中,STEPS被分解为以下几个关键因素。空间:在哪里?任务:什么行为?如何做?设备:什么条件下?人员:谁?结果:取得成功。通过将这些要素纳入学生计划中,你可以在任何课程中提供学生支持的证据,而不仅仅是素质教学。

参照教师标准5c进行实践时,你需要考虑以下几个关键问题:

- 你对你所教学生的发展过程有多了解?
- 你可以通过哪些方式进一步加深理解,从而为学生提供帮助?
- 你可以在哪些活动中使用STEPS方法?

教师标准5c可能的证据来源：

- 学生的声音：学生们对他们得到支持的评价，是否在任何时候都是一种包容的课堂氛围？
- 观察：你的观察（以及其他人的观察）表明你有能力为所有学生提供满足需求的活动吗？你如何使用观察来影响未来的实践？
- 学习环境：这是一个"有利"的，能够让学生蓬勃发展并取得成功的环境吗？
- 计划：你的计划如何证明你创造的学习机会是合理的，并适合你的学生？
- 证据：你如何在日常实践中利用学生发展的信息和学习障碍？

5d：了解所有学生的需求，例如：有特殊教育需求的学生、能力突出的学生、将英语作为第二语言的学生、残障学生，并使用独特的教学方法来吸引和支持他们

 "老师，我在这方面很出色！"

你有没有经历过享受学生们分享他们的自豪感和成就感的美妙时刻？这个"结果"应该包括一系列因素，例如你与学生的关系、学生的参与、良好的学习机会，以及学生是评估过程中有价值和必不可少的部分。在此之后，你会希望未来有更大的、明确的挑战，但是学生并不总会告诉你他们自己的想法。那么你如何确定学生的优势和需求，并激励学生坚持下去取得成功呢？

认识每个学生的特点是差异化过程的第一阶段，它的预期目的是学生的成功。在你的教师工具包中有各种微调评估工具，你将能够在课堂上观察、倾听、调整、延伸、支持和回应学生的需要。回头看学生的感叹："老师，我在这方面很出色！"为了满足学生的需要，你需要做一个反应灵敏、积极主动的老师。首先，问问你自己，这些观察为你提供了哪些关于学生的信息？学生认为他们已经掌握了这个部分，你可以用简单、有效的提问来确认这一点，接着表扬他。一旦你对学生的情况进行了"评估"，你就可以开始计划学生接下来的努力方向，选择支持、挑战或额外的练习，以促进学生的进一步发展。

在接下来的部分中，我们将研究"特殊教育需求和残障学生"（special educational needs and disability,SEND)的包容性实践。此外,我们将重点关注如何为将英语作为附加语言的学生提供有效的服务,以及如何最大限度地满足他们的具体需求。

关于包容、整合和种族隔离

有人轻描淡写地指出,教育在整个历史中经历了重大变化,但这远没有学生的需要更真实。弗雷德里克森(Frederickson)和克莱恩(Cline,2009)提醒我们:"从历史上看,如果儿童在学校遇到特殊困难,他们会与其他有着相似需求的儿童聚在一起……这种解决方案也适用于学习'英语作为附加语言'(EAL)的儿童。"(p.69)

为了满足学生的需要,特别是那些"特殊教育需求和残障学生",关于有效条款的问题有许多争论。近年来,在主流环境中,有效的一体化、限制种族隔离、包容性的实践成为各种会议的主导观点。弗雷德里克森和克莱恩继续提出:"为了满足多样化的需求而精心设计的具有包容性的教育条款,以及灵活、个性化的课程,在对学生的社会性和学业成绩的研究中已见成效。"

许多教育研究人员认为,接受包容应该是一种全面的学校风气,而不是过分依赖有针对性的干预计划(Frederickson and Cline,2009;Herbert,2011;Ekins,2012)。艾金斯(Ekins,2012)提出"差异和多样性不应该被视为一个需要处理的问题"(p.163),确定需求、规划干预、付诸行动和审查结果,我们需要重新构建认知模式(p.138-142)。

那么,课堂上忙碌的教师如何才能确保他们为所有学生提供优质的课程,特别是为"特殊教育需求和残障学生"量身定制课程呢?

SEND:支持和挑战学生的重要性

联合国教科文组织《萨拉曼卡宣言》(1994)描述了儿童接受教育的基本权利,并承认所有的孩子都是独一无二的,应该得到发展的机会。这种包容性的观点,已经彻底改变了小学生在课堂上的需求,他们的需要是多样化的。这些需求可能是短期的,与孩子们"正常"生活中的轻微干扰有关,例如丧失亲人;或者是长期的,例如身体残疾或有特定学习需求、计算障碍等。如果你以前没有遇到过这些需求,为了确保你了解这类学生的特殊需要,有必要更广泛地阅读有关具体需求的内容。以下是你可能遇到的一些常见需求:

- 学习困难:一些学生可能在一系列学科领域遇到困难,掌握基本技能的困难,或有阅读障碍、计算障碍等。

- 身体需求：这可能是影响学生参与学习或社交活动的障碍或身体残疾。
- 交流：一些学生在与他人沟通时可能会遇到困难，或者可能在理解或解释方面存在困难。
- 情感需求：这些需求可能会影响学生的行为，影响学生与他人互动的方式以及他们参与学习的方式。这些需求也可能影响学生在班级或学校规则范围内工作的能力或意愿。

当然，由于学生会表现出各种各样的需求，以上例子可能会重合。

适应这些学生的需要，可以从小型的教室设备和资源微调，逐渐到课程设置和支持机制的重大调整。一旦确定了有特殊需要的学生，教师应与特殊教育需要协调员（SENCo）及家长根据自己的需要进行规划，以满足学生的需求（UNESCO，1994），为所有学生提供发展潜能的机会。为了最大限度地为你的学生提供学习体验，必须对计划进行调整。对于许多人来说，需要制订个人教育计划或个人行动计划，对个人需求提供明确的指导。通常而言，家长、医学专业人员、助教和教师们会在制订计划时一起工作，为有需要的学生制订专门的支持计划。这些计划与教师评估一起使用时很有效，并可以提供证据表明干预措施在实践中得到了实施。花时间了解一些常见的学生需求，咨询有经验的教师如何调整他们的实践以帮助这些学生，也是很有用的方法。当然，所有学生都有各种各样的需求，如何确定"需求"也存在着广泛的争论。正如格拉泽（Glazzard，2011，p.62）提醒我们的："你可能会想广义的'需求'，只包括与'特殊教育需求和残障学生'教育有关的内容。然而，它其实是一个包含所有学习者的宽泛概念。"

在日常实践中，你将展示你如何适应和满足所有学生的需求，而不仅仅是那些有额外需求的学生。虽然了解学生和提供支持至关重要，但课程计划中经常忽略的一点就是所有学生都会受到挑战，包括有特殊教育需要的学生。你要确保满足所有人的需求，证明你是一位具有包容性的从业者。

正如艾金斯（2012，p.132）提醒我们的那样："任何协调规定的方法都必须以所有学生取得进步为基础，包括那些'特殊教育需求和残障的学生'。"

赫伯特（2011）认为，与其重视学习者之间的差异，不如说教师和学生可以通过共同的策略来加强学习。这些领域包含记忆、动机和沟通。赫伯特建议，通过更深入地接触这些领域，教师可以在日常实践中最大限度地发展这些领域，以包容的方式支持所有人的学习。

EAL 学习者

支持"英语作为附加语言的学生"（English as an additional language，EAL）对教

师来说常常是一项挑战。对全纳教师而言,全面了解EAL规定是必不可少的。从历史上看,当学生几乎没有英语语言背景的时候,他们就会和学习有困难的学生分到一组,尽管学习对于EAL而言可能并不具有挑战性(Frederickson and Cline, 2009)。在他们的"母语"背景下,学生可能会在学习方面取得一些成就。因此,当EAL学生的教师试图通过将他们与那些高水平学术倾向并具有挑战性的学生分到一组,以提高他们的英语能力时,就会出现自相矛盾的情况。哈斯拉姆(Haslam et al., 2005)等人认为,提高社交英语能力与掌握学术语言有很大的差异。EAL学习者可以通过社交手段掌握大部分英语,因此,这些社交机会在课堂内外都得到了最大化。康明斯(Cummins, 1980)发现,年龄与附加语言学习者的认知学术语言能力(cognitive academic language proficiency, CALP)发展之间存在明显的相关性。研究结果表明,当认知学术语言能力发展较好时,年长的学习者比年轻的学习者能更迅速地表现出附加语言的认知学术语言能力,因为认知学术语言能力已经存在于他们的第一语言中,可以在新的语境中使用。康明斯(1984)还探讨了基本人际交往能力(basic interpersonal communication skills, BICS)和认知学术语言能力之间的关系,开发了"冰山"模型来说明这一点。BICS指的是社交、"表面"的语言能力,比如面对面交谈中使用的语言;而CALP指的是学术语言,比如在阅读或写作中使用的语言。在这一点上,你认为与你接触过的学生在哪里获得了他们的附加语言?是操场、家里,还是在教室里?不妨考虑下他们正在掌握何种语言,例如口语化的地方,反思这些因素对学生学习语言能力和取得进步是否有益。

道格拉斯·布朗(Douglas Brown, 1980)认为"关键期假说"(即获得一门额外语言的理想机会,以及一个人成功地掌握一门语言的最佳阶段)是存在的(p.157)。道格拉斯·布朗(1980)还研究了"文化冲击"对语言习得的影响。他形容这是除了另外一种语言之外的"第二文化"的学习,他建议老师可以帮助学生学习"第二文化",成为提升文化自觉和自我意识的有效方式,同时也是一种成功的语言学习体验(p.163-164)。

作为EAL学生的老师,除了学习和掌握一门新语言以外,还必须考虑处于一种全新文化中所产生的各种影响。满足不同需求的学生需要,除了学术整合以外,还需要一种全面的教学方法,包括关注社会因素。作为对学生的支持机制,贝克(Baker, 2006)建议:"教师与学生之间的合作对学生来说是很重要的,而不是以教师为导向或以学生为中心。"在这样的社会协作中,关键的问题是教师如何通过可理解的语言来支持学生。这很容易在有效的课堂实践中证明,因为它可以在计划中加以明确,并贯彻于整个学习过程(p.301)。

哈斯拉姆(2005)等人指出了EAL教学的关键要素是反种族主义。

教师需要在评估和规划时意识到,语言是存在于语境中的。因此:

1. 技能练习和语言教学是在一个有意义的背景下进行的,而不是孤立地开展,要利用并反过来加强国家课程。

2. 当我们做出回应支持进一步的生产时,需要使用上下文嵌入的教学来加以支持。

3. 社会语言和学术语言是有区别的。学生的先验知识和经验应该被了解、利用和构建。

(Oracy and collaboration, p.8)

综上所述,在计划满足EAL学习者的需求时,考虑以上几个方面需要,并且提供对这些领域全面理解的证据,表明你符合教师标准5d。我们建议教师广泛阅读有关EAL学习者获得成功支持的案例材料,并与专业人员一起工作。

实践案例——教师标准5d

罗拉(Lola)

  罗拉的班上有一个新孩子亚历克斯(Alex)被诊断出患有运动障碍,特别是在精细动作技能方面有困难。罗拉已经与亚历克斯的前一所学校保持联系,并检查了之前为亚历克斯所准备的条款。此外,为了寻找培训机会,让她更好地满足亚历克斯的特殊需要,罗拉联系了障碍基金会(Dyspraxia Foundation)提供帮助。罗拉邀请亚历克斯的父母去学校,讨论如何以自己的能力帮助亚历克斯建立信心,以及如何最好地支持亚历克斯与她合作。这次交流的结果是,罗拉得知亚历克斯对写作很反感,部分原因是他拿铅笔存在困难,这也影响了亚历克斯在写作方面的信心。根据SENCo的建议,罗拉已经为亚历克斯提供了一个铅笔夹和一个支持助手,以便在他长时间的写作活动中使用。通过花时间了解亚历克斯的具体需求,加上与其父母的伙伴关系和良好的沟通,罗拉成功与亚历克斯合作,为他提供最好的支持。亚历克斯现在在学校安顿下来,他很快乐,并且取得了良好的进步。

第五章 调整教学以满足所有学生的长处和需要

哈里森（Harrison）

哈里森已经与全国语言发展协会（National Association for Language Development in the Curriculum, NALDIC）合作,在他的教学环境中为EAL学生制订有效的评估程序。哈里森利用形成性水平描述,制订了一项员工发展计划,以帮助他所在学校的教师提升对EAL学生的学习支持能力（NALDIC, 2009）。哈里森在一所较大规模的小学里工作,他还开发了一个名为"SEALL:支持英语作为一种额外语言学习者"的EAL学生项目,在这个项目中,更有成就的学生与普通学生和成人在学校一起工作。这个包容的校风也在一年一度与学校里所有的学生一起计划的"国际日"中表现出来,以庆祝在这个环境中丰富多样的文化。

 参照教师标准5d进行实践时,你需要考虑以下几个关键问题:

- 如何满足"特殊教育需求和残障学生"的需求?
- 如果你目前的环境中没有学生,你如何在这方面发展你的专业知识?
- 如何为所有学生提供挑战,包括"特殊教育需求和残障学生"?
- 你如何满足更高能力学生的需求?
- 你的设置以什么方式认可和支持学生在非课程领域显示更多天分?
- 反思你自己面对"特殊教育需求和残障学生"时的经历,你将如何改进实践?

教师标准5d可能的证据来源:

- 个人教育计划或个人行为计划;
- 与SENCo和外部机构的合作;
- 在计划□确定个别学生的需求,超越任务和活动分化。

本章小结

在本章中,我们探讨了各种有关适应性实践的理论,以满足包容性课堂中的多种学生需求。我们分析了学校具有包容性精神的重要性,并总结了一系列有效支持学生的策略和实例。在计划满足学生需求时,有效利用其他成年人是至关重要的,但通常情况下,成年人无疑是最昂贵的课堂资源。因此,要建立严格的程序和支持机制,让学生自主地参与,最大限度地满足学生的需要。与学生建立良好的关系,鼓励他们之间形成相互尊重的同伴关系,让他们有学习和互相支持的动力。如前所述,仅仅因为你是老师,你要为成功的课堂环境奠定基础,并计划激发学生学习动机,克服潜在的学习障碍,激励学生不断进步。

第六章
准确和高效地开展评估

教师标准6——准确和高效地开展评估:

6a 了解并理解如何评估相关科目和课程领域,包括法定要求;
6b 利用形成性和总结性评估来确保学生的进步;
6c 使用相关数据监控进度,设定目标并规划后续课程;
6d 定期给予学生反馈,无论是通过口头的还是准确的记录,并鼓励学生对反馈做出回应。

这是什么

贯穿这一标准的关键在于教师如何监控和评估所有学生的需求。随着本章的展开,我们将会清楚地认识到评估对教学和学习来说是不可或缺的。该标准使你能够考虑如何使用建设性的、形成性的反馈来支持学习者取得进步,以及如何使用总结性评估。预计教师将对国家课程和早期基础阶段(EYFS)测试的评估要求以及可选任务的要求有所了解。你需要了解州和地方的评估数据,以及如何使用这些数据来比较和告知教师关于学生成绩的信息。

如何体现

将会有基于课堂的短期日常活动和长期的全校活动,为你提供机会,思考如何使用评估来支持学生的进步。你在监测进展时使用的策略、与学生合作时使用的干预措施以及你的反馈所产生的影响都将提供有价值的例子,这些也是你展示是否满足教师标准6的考察点。本标准要求教师展示他们如何访问和解释本地和州范围的数据以提高学生成绩。通过教师的演示,展示他们如何使用数据来为学生生成现实可行的目标。

章节概述

本章将要反思学习评估类型和开展学习评估的目的,并总结形成性和总结性评估在提高成绩方面的作用。"评估"是指教师和学生在评估自己时所进行的所有活动,这些活动提供的信息可作为反馈,改进他们的教学活动(Black and Wiliam,1998,p.2)。优秀的教师能够很好地了解他们的学生,"持续的、教师主导的评估是有效教学的关键部分",他们利用评估来了解学生(DfE,2014a)。这项评估使他们能够规划适合学生年龄、兴趣和能力的工作,这些工作会影响学生的参与热情和行为,从而形成一个积极的学习环境,让学生取得成功。有效的评估是包括"评估、计划和教学"的周期性过程,这是一个永无止境的循环。可以用健康做一个类比,设想有一位喉咙痛的病人,为了让医生使用最好的药物来治疗病症,必须在治疗前进行检查。因为我们不希望医生在没有首先评估病人需求的情况下开药。同样,作为一名教师,如果不先评估学生的学习情况,你将无法确保学生能够取得进步。

第六章 准确和高效地开展评估

本章将会有对国家法定课程标准和学生学业要求等内容的探索，我们将会研究这些规定以及探索它们在学校中是如何被使用的。还要概述早期基础阶段的评估要求，以及国家课程主题领域的评估标志。有效评估的关键是监测和跟踪评估的过程，并强化对这一过程的组织管理。全面的评估体系不仅支持教师展示其教学的影响力，而且支持教师规划学习者的后续方向。本章继续强调口头和书面反馈对学生的价值，这被视为所有教师的关键技能。

分述再总结

当我们开始分解教师标准6的要素时，我们不必将评估视为孤立的。教师必须有扎实的教育知识，知道学生能做什么、他们已经掌握了什么，这样才能安排适当的教学和学习活动。评估、规划和教学都是一个循环过程的一部分。教师必须熟悉他们的学生，并确定每个学生的进步和成绩。为此，格拉泽和斯托克（2011，p.76）提供了以下有助于我们理解的定义：

- 成就指的是孩子们在某一特定时间所知道和能做的事情；
- 进步是衡量成就的标准，是孩子们在一定时间段内开始和结束学习时的成绩变化；
- 将个人的成就与国家标准进行比较。

6a：了解并理解如何评估相关科目和课程领域，包括法定要求

教师从基础阶段开始，根据国家基准在学生教育的各个阶段对他们进行评估。对于该要求，需要考虑国家基准如何有助于教师对学习者的进步做出判断。教师应该证明他们可以使用评估策略来评估学生的学习情况，并根据评估数据的分析结果来设定现实的目标。为了做到这一点，我们每周会讨论短期评估结果，以及如何定期开展评估并在年度考核时使用评估结果。无论时间表如何，教师都将使用与他们所在学校相关并符合国家要求的系统。

法定要求

对儿童初等教育的关键点进行国家评估。这些评估的目的是向父母提供关于他们孩子进步的信息，以及学校表现的信息。在每个关键阶段都有不同的评估方法，包括测试和正在进行的教师评估。教师标准和测试机构（2015）为第1关键阶

段和第2关键阶段的教师评估框架提供了有用的指导。

为了支持学校对学生进行评估,政府引入了一个比例评分系统。在国家标准中,对学生表现的描述被纳入一个框架中,该框架将把原始分数按比例转换为相对分数。按比例计算,100始终代表国家标准。学生的比例分数以他们的原始分数为基础。原始分数是学生在测试中基于他们正确回答的问题数量,从而获得分数的总数。学生的原始分数将通过转换表转换成比例分数。在测试评估的范围证明掌握足够知识、达到国家标准的学生,意味着他们有能力在教育的下一阶段获得成功(Gov.UK,2015)。

在早期基础阶段,评估框架将使用基线(baseline)来支持预备班(Reception class)的教师对进展和成绩做出判断。基线在教师对儿童发展的广泛评估范围之内,被用作衡量进展的起点,通常由教学预备人员进行管理。2016年9月及以后,它是这一关键阶段唯一用于评估儿童进展情况的标准。

在第1关键阶段有法定评估,包括在第一年结束时进行的语音检查。在第一阶段结束时,教师对数学和阅读进行评估,并通过外部组织的测试进行评估。这些由外部组织的语法、标点和拼写测试,有助于教师评估学生写作水平。这些测试反映了新的国家课程,并以相对比例分数表示。对于数学、阅读、写作、口语和听力,教师会评估学生是否符合多种表现性指标。对于科学,则有一个单一的表现性描述。

在两个关键阶段都使用表现性指标来描述一个学生所需要的技能和知识的范围,便于在每个测试中达到各科目所期望的标准(Morgan,2015)。

在第2关键阶段的末尾有国家测试:数学、阅读、语法、标点和拼写,以及教师对数学、阅读、写作和科学的评估。

国家为学校规定了最低标准,如果学校低于这个最低标准,他们将接受额外审查。这个最低标准被称为"地板标准"(Floor Standard)。教师了解国家对学生的期望,并利用国家数据确定个人的需求,确保他们得到支持、取得进步。

学科和课程领域

对科目或课程领域的评估在教育的每个关键阶段都有不同的标准。在基础阶段,儿童在主要和特定的学习领域内被评估。教师根据学习的特点对每个孩子进行观察和判断。在第1关键阶段和第2关键阶段,英语和数学有法定的考试。教师对科学的评估是在第1关键阶段进行的,在第2关键阶段则进行科学测试。没有必要对第1关键阶段和第2关键阶段的非核心主题进行阶段评估。教师必须教授各学科的完整学习方案,并每年利用专业判断报告学科进展情况,这是收集和报告儿童进步的最有效方法。

每周评估

教师使用一系列评估工具来捕捉并跟踪学生每日和每周的进度。这些数据为教师提供了为班级学生进行适当规划的信息,支持教师使用评估工具中的数据为班级中的学生做出适当的计划。跟踪学生的进步有许多不同的形式,教师们在课堂上用自己的方式记录每天的观察结果,同时使用学校系统。一个简单而有效的方式是使用表格,其中包括被评估的儿童的名字和在顶部的学习目标。教师可以使用一系列符号来记录成绩。例如,如果孩子已经达到了学习目标,可以用完整的三角形来表示;如果他们已经部分达到了学习目标,则画出三角形的两条边;如果他们未达到目标,则只画出三角形的一条边。其他的符号也可以使用,例如颜色编码、字母(A,B,C)或数字(1,2,3)等。无论使用什么系统,都必须方便、适当和符合目的。每个孩子将会有一个属于自己的评估文件夹,都保存在教师那里作为班级评估文件夹的一部分。其内容会根据他们当年和前一年的评估,作为资料保存。

教师计划应该表明如何支持学习者进步。可以对课程计划进行注释,以说明如何使用形成性评估,以及学习中的个人和群体的具体进展情况。格拉泽和斯托克对使用可管理的系统进行了有效的观察,记录孩子们在每节课结束时的预期学习成果。

定期评估

作为良好实践的一部分,教师将与同事、家长和孩子们共同讨论学生的进步和学习成就。在学校内部以及学校之间进行适当的联系,允许教师讨论他们对学生进步的观点,这能够确保判断的准确性和一致性。学生的进度会议可以定期举行,以确定他们学习的进展和差距。正规的学校评估可能会使用特定的跟踪记录进行。国家正使用一个评估学生进步(Assessing Pupil Progress,APP)的应用程序,它是一种国家开发的标准化的方法,提供了一个评估框架来支持教师对学生学业进展做出判断。该程序支持教师通过跟踪学生的进度来了解每个孩子的需求,然后调整他们的计划和教学。教师使用国家标准,并利用一系列的证据来做出判断。在每学期结束时,一些学校可能会使用像英国标准和课程局(QCA)这样的正式测试,或者他们自己组织测试,来评估和支持不同科目的教师表现。

年度评估

此前,我们讨论了每年进行的法定测试任务和范围。第1关键阶段(第2年)和第2关键阶段(第6年)的法定任务和测试(SATs)是在夏季学期的上半年进行。学校将这些结果用作追踪个人进步和成就以及为儿童群体预测成果的一种方式。这将用于支持目标设定,数据用于突出学校趋势并为学校改进发展计划(School Improvement Development Plan, SIDP)提供信息。对学校的成绩和水平进行分析,然后进行跟踪,以显示法定评估结果和内部评估结果。评估数据会在家长会、特殊需要儿童(SEN)进步评论和儿童年度报告中向父母报告。

报告

在夏季学期结束前,向家长发送关于学生的书面报告是学校的法定责任。所有的学校都会发送一份年度书面报告,甚至有一些学校可能会更频繁地发送报告。

报告至少要涵盖学生的成绩、总体进展情况以及出勤记录。可能还包括发展领域和法定评估结果。家长可以通过书面回信或者与学校工作人员见面等方式,对报告做出回应。

小贴士:熟悉你所教授年龄段学生的相关标准和法规。这将帮助你找到与你的学习者年龄和能力范围相关的指导信息。

实践案例——教师标准6a

詹姆士(James)

詹姆士自信地展示了他是如何在第二年教授的班级里根据国家基准评估学生成绩的。他使用第1关键阶段的表现性描述指标来指导老师对数学进行评估。詹姆士与几所小学的教师一起出席了调节会议,通过与他们的密切合作确定适度的工作任务。在他的材料中,他列举了几件与其他老师一起主持的附有详细说明的作品。

罗斯(Rose)

罗斯用评估记录作为证据来证明她是如何达到这个标准的。她对自己所教年龄组的科学课程有清晰的期望值,她的记录证明了这一点。这些说明了班上的孩子们在整个科学课程期间所取得的进步。罗斯意识到,即使孩子们取得了良好的进步,但他们的成就可能不符合国家的标准。但是,通过她的记录,能够根据先前的知识显示每个孩子的水平,然后通过目前的成绩跟踪他们的进展,最后将成绩与国家标准进行比较。

第六章 准确和高效地开展评估

 参照教师标准6a进行实践时,你需要考虑以下几个关键问题:

- 如何为你正在教授的学生设定课程期望值?
- 你如何测量在EYFS、第1关键阶段和第2关键阶段结束时的成绩?
- 你有什么资源支持教师开展评估?
- 你会参加哪些审核会议来确保你的判断准确?

教师标准6a可能的证据来源:

- 法定评估结果,如SATS、关键阶段测试等;
- 形成性和总结性追踪数据;
- 校本培训/职员会议/法定评估的外部课程;
- 记录儿童的工作并形成书面反馈;
- 课程计划和课程评估信息。

6b:利用形成性和总结性评估来确保学生的进步

现有大量关于形成性评估和总结性评估功能的研究和文献(Halen and James,1997;Black and Wiliam,1998;Black et al.,2003;Brandom et al.,2005;Gremin and Arthur,2014)。佩蒂(Petty,2009)认为,学习的广度和深度是通过评估来衡量的,并强调每一种评估方法都有不同的目的,每种方法在课堂上都有不同的方式。她认为,如果形成性评估能够直接帮助孩子学习的话,它需要一个具体的概念。学习是评估的核心,每一个阶段的学习是另一个阶段的重要组成部分。充分了解学习对于帮助教师提高学生的成绩至关重要。探索一些已经提出的框架就是一个好的开端,比如科尔布(Kolb,1984)的学习理论(theory of learning)或者赫尔曼(Herrmann)的全脑模型(whole-brain model),还有更多的资源来研究这些理论的细节(Petty,2009;Cooper,2014)。

教师标准6b是指形成性和总结性评估,它们被认为是与小学课堂评估有关的主要类别。

形成性评估

形成性评估也被称为学习评估,它持续不断地贯穿于有效的教学和学习中。库珀(2014)认为,它是一个学习者和教师相互交流学习的过程。评估改革小组总结了学习评估,并设计了以下10项原则。

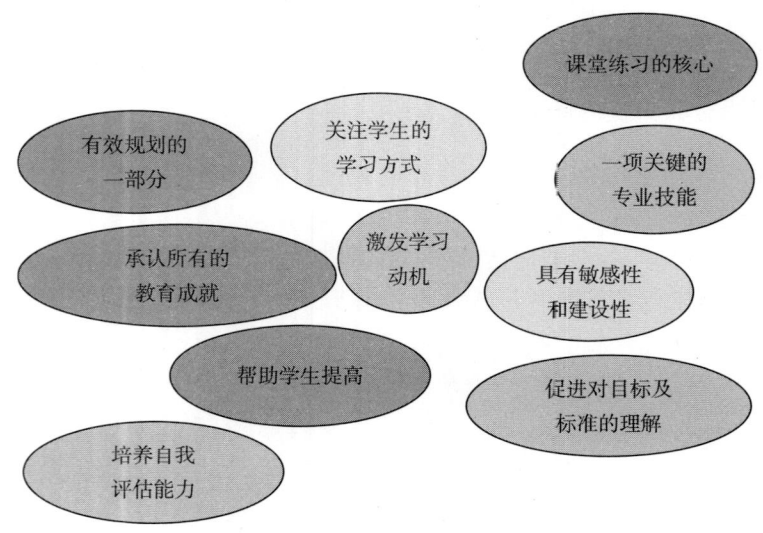

图6.1 学习原则评估(Cooper,2014)

该原则重点突出了将教师和学习者纳入评估过程的必要性,这样,评估就不仅仅是对学习者所做的事情。在课堂上,需要培养一种让学习者了解他们应该如何改进工作以及接下来需要做什么的氛围。简而言之,学习者需要知道他们的出发点是什么以及如何实现他们的目标。

使用形成性评估

能有效使用评估的教师知道教师和学习者都需要参与评估过程。通过这种方式,学习者可以对自己的学习过程负责,掌握自己的学习进度。教师创造各种评价的机会,包括与学习者分享学习目标等。需要注意的是,因为儿童有可能背诵了学习目标,但没有真正地理解学习目标,因此要确保使用儿童能够理解的语言。教师和学习者使用学习目标来判断学生是否达到了他们开始学习的目标。教师的关键作用是支持儿童评估他们自己和其他人的工作,包括在课程中规划自我和同伴评估。在课堂上需要时间实施评估和建立相互信任的文化,以支持教师做出科学的判断。在自我评估和同伴评估中,鼓励学习者参与讨论、提问和回答问题,并对他们的进展进行评价。在这个过程中,关于学习的双向反馈将帮助学习者确定他们做得好的方面、他们需要改进的地方，以及他们该如何规划下一步的学习。

质疑是学习评估的重要组成部分，是教师使用的有价值的教学工具。以下观点阐明了使用提问时的要点：

- 留出时间让学生回答问题；
- 考虑何时使用封闭式问题（需要回答"是"或"否"），何时使用开放性问题（给出解释和细节）。

虽然我们通过与学习者交谈来讨论反馈，但在评分工作中也可以给予有效的反馈。

评分

孩子们可以通过根据一套标准进行自我评分和同伴相互评分的方式来评估自己的工作，积极参与反馈和评估。通过这种方式，他们可以专注于理解自己所涉及的工作。当一个孩子评估自己和同龄人的任务时，需要对评估标准有一个很好的理解，由于该方式促进了学习者相互学习、使学习者认识到自己的错误，所以能促进其深层次的学习。学生需要清楚哪些工作他们可以做得更好，并就如何改进工作寻求指导。为了使评估过程有效，应对学生进行培训以便对学习提供反馈，使他们了解自己的学习目标，知道如何去做以及如何改进学习。

总结性评估

总结性评估的目的是了解孩子从每个单元学到了多少。它关注的是绩效考核，通过分析已经取得的成果，以便了解孩子所取得的成就。评估可能以考试或测试的形式进行。有些学校可能要求教师在学年的某一特定时间内进行总结性教师评估，以评估孩子的成绩。这种对学习的评估有助于教师获得回顾教学过程的信息。

使用总结性评估

在每个关键阶段结束后，孩子们将接受国家法定的测试任务。在其他时间段，学校可以管理他们自己组织的或地方统一组织的考试，以确定学生在关键阶段之间的成绩和进展情况。总结性评估的目标是通过将其与特定的标准进行比较来衡量是否达到合格水平。例如，教师可以用它来了解一个孩子是如何学习拼写或数学知识的。当教师将这些信息用于后续课程的规划时，可以形成一种结构化的、总结性的评估结果。该结果可以提供如何达到符合标准的成绩的相关信息，使教师能够规划孩子的后续学习，使他们能够取得进步。总结性评估的信息不仅适用于教师，也可能对其他学校的工作人员和家长有重要作用。

诊断性评估

所有的孩子都会有特定的个人需求,有些孩子对某些科目比其他科目更有自信。在开始一个新的科目或学习领域之前,教师应使用诊断性评估了解孩子已掌握的知识。这是在开始新事物之前,探索孩子已经知道和理解的知识,以及发现错误观念的一种手段。教师可以通过不同的方式获取这些信息,比如通过提问、询问孩子想知道的事情、同伴讨论、记下想法、绘图或画画等视觉表现等。这些信息在一个持续的改进过程中,帮助教师在适当的时候开始工作(Petty,2009)。

关于"赞美"

花一些时间讨论赞美的重要性是很重要的。赞美是否有效,取决于它如何被用来支持学习。布罗菲(Brophy,1981)认为,在一些特定方面的表扬对学习者是有价值和帮助的。以下列出了有效表扬的主要特征:

- 当用于响应特定行为时,赞美是有效的;
- 当以特定的术语描述行为时,赞美是有效的;
- 当真诚和自发地赞美时,赞美是有效的;
- 赞美应该用于奖励达到定义清晰且标准明确的成果;
- 赞美应提供有关学生能力的信息;
- 赞美应该用于对学生的某一特定任务中做出值得注意的努力;
- 赞美应该将成功归功于努力和能力,这意味着类似的成功在未来是可以实现的。

使用正面表扬的一个有效例子是:"Jade,你做得很棒!你在作业中使用了头韵,这让写作变得有很趣。"

因此,无效的赞美与这些特征背道而驰。它很可能与学习者所取得的成绩无关,布罗菲(1981)指出,无效的赞美仅仅是将荣誉归功于能力或任务的简单性。

> 小贴士:评估是一个持续的过程,不应被视为"附加"的。按照你的计划,你将考虑如何在整个课程中(包括课堂导入、主要活动以及课堂小结)使用评估。这将有助于你关注评估是如何加强学生学习的。

第六章 准确和高效地开展评估

实践案例——教师标准6b

贝基(Becky)

在三年级的科学课上,贝基用提问的方式鼓励孩子们深入思考,并展示他们对问题的理解。她意识到封闭式的提问方式会限制学生的思维。如果她问:"空气阻力是一种摩擦吗?"学生给出的答案是"是"或"不是"。相比之下,她问"为什么一个物体会通过空气减速?"就能激发学生进行更深入的思考。通过与孩子们交谈,贝基能够认真倾听他们的回答,并提出更多的问题。这种开放式的提问给她提供了关于孩子们是否已经掌握知识,以及他们的一些错误观念等信息。

理查德(Richard)

在规划三年级科学课的教学单元时,理查德用总结性的评估来判断孩子们之前学到了什么,以及达到了什么程度。孩子们在不同的能力水平上的学习为理查德提供了信息,帮助他计划如何指导学生复习之前的内容,以检查错误纠正情况和计划学习进展。总结性的评估给了理查德一个规划他的科学课程的起点,例如,他注意到有一小群非常能干的孩子在超出预期的水平上工作。他现在可以通过查看国家课程对这些学生的预期,计划为这个群体提供有挑战性的课程。

参照教师标准6b进行实践时,你需要考虑以下几个关键问题:

- 你如何保存详细和最新的评估记录?
- 你如何使用这些信息来指导计划?
- 你如何利用这些信息为后续评估做出贡献?
- 书籍是否定期标记?
- 标记如何支持进展?
- 你有哪些机会来确保学生有机会参与和回应标记?
- 你是否使用一系列形成性评估策略?
- 你如何证明正在使用的具体策略?
- 你如何使用评估来形成学生的学习观点?

教师标准 6b 可能的证据来源：

- 形成性和总结性追踪数据；
- 计划展示个人/团体目标；
- 与评估协调员持续进行专业进修的记录；
- 归纳教师和其他员工的课堂观察记录；
- 学生的标记工作示例，包括学生的评论；
- 年终学生报告；
- 关注各种标记和反馈的质量，并确定下一步骤；
- 干预措施，包括能力强的学生和弱势群体。

6c：使用相关数据监控进度，设定目标并规划后续课程

这里有助于检查对相关数据的理解。数据有各种来源，例如标记、观察、目标设定、记录证据和追踪数据等。该标准要求教师综合迄往记录和未来目标来确定儿童可能有的特定需求，例如那些有天赋、有才华的人以及有特殊教育需求的人。教师需要了解每个孩子的水平和能力，否则教师如何制订教学计划，帮助学生进步呢？

相关数据

数据的使用是学校支持教师改进教学过程的重要二具。学校追踪每个孩子的进步。跟踪学生进度可以支持教师了解每个孩子的学习情况，并设定真实而具有挑战性的目标。它支持校长等领导检查学生在学校的成绩和进步如何与全国平均水平相比较，并筛选出可能没有达到预期目标的学生。这些信息有助于确定学校如何与其他类似学校相比较，并考虑学校的优势和发展领域。教师可以使用不同的工具跟踪学生的进度。下面将讨论其中一些工具。

数据仪表板

英国教育标准局提供各类纵向及横向数据（数据仪表板）。学校管理者和公众使用它来了解学校的表现，可以在三年期间内查看第1关键阶段、第2关键阶段和

第4关键阶段的结果数据。第3关键阶段没有国家课程考试,所以数据系统不提供这个关键阶段的信息。

菲舍尔家族信托

菲舍尔家族信托(Fischer Family Trust, FFT)是一家注册慈善机构,它提供信息以支持学校改进和学生发挥潜力。其数据通过交互式数据呈现,支持学校检查学生过去的表现,识别优势和劣势,并设定具有挑战性的未来目标。

学校习教师、学科带头人、部门负责人和高级学校领导以及地方权威顾问都可以使用其数据。他们用这些数据来设定目标,这些目标既可以是针对个别孩子的,也可以是针对某一阶段的孩子的;既可以是针对某一特定学科的,也可以是针对整个学校的。

在线提高

在线提高(RAISEonline)支持教学和学习,目的是帮助学校分析其数据,是学校自我评价过程的一部分。该工具提供学生在第1关键阶段和第2关键阶段的成绩和进展的数据,还有一个互动功能,允许各方探讨引起学生表现差异的原因。

数据管理工具的增加有助于支持学校评估学生的表现,以及跟踪学生的表现。对此学校负有责任,并根据现有的数据对学生进行判断。对所有信息进行分析和更新至关重要,所有学校工作人员也都将其视为共同责任,因为所有工作人员都要为学生的进步负责。表现和进步与行为和出勤率并不是完全划分开的。来自学术和社会方面的数据被用来连接这些领域,并全面考虑每个孩子进步的方面。除了来自FFT、在线提高和数据仪表板等数据中心的数据外,学校还利用教师评估来判断学生在以前的表现,并检查每个学生进步的轨迹。对数据的分析和解释应该引起学校关于如何对这些数据采取行动的强有力的讨论,以便确定存在问题的领域,分析问题产生的原因,然后采取有效的策略。

设定目标

目标指明了考核不合格的学校绩效改进的指标。目标可以涉及学术进展以及社会方面,例如行为或出席情况。无论目标是什么,它们都有共同的特征,这些特征通常被称为SMART(S,具体的;M,可测量的;A,可实现的;R,现实的;T,时间限制的)目标。如果目标具体且明确,就很容易知道实现目标需要做些什么。学习者需要知道他们必须做什么才能取得成功。如果目标可以衡量,那么它就是一种激励,因为在计划如何取得进展的过程中,可以确定小的步骤。现实的目标应考虑资源和时间,如果它们有时间限制,就可能有一种紧迫感,有助于目标的实现。在课程开始时将学习者的注意力吸引到目标上,并在课程结束时讨论目标,这对于帮助学习者认识到自己所取得的进步是非常重要的。

记录进展

课程中持续的评估是有效实践的一个要素,是教师实践的一部分。当老师和个人或团体一起工作时,会通过记录他们的工作来评估一些孩子的学习。一个记录这些信息的系统将会识别那些已经达到或超过了学习目标的孩子。一张桌子上有一份孩子名字的列表,可以添加更多的注释。每一所学校都有自己的录音系统,每个老师都有自己喜欢的方式来记录他们的评估。了解并完整保存相关记录,紧跟学校政策很重要,同样重要的是为班主任开发一个简单易用的记录系统。

> 小贴士:校长和高级领导最终负责回应数据。查看学校可用的数据(FFT、在线提高或数据仪表板),并评估你所在学校的情况以及学校员工为解决数据问题所做的工作。

实践案例——教师标准6c

利亚姆(Liam)

在一个30人的三年级混合能力班级里,利亚姆使用过去一年的数据,包括教师评估和来自在线提高的学校高级管理团队的数据。利亚姆确定了3名发音水平远低于预期的学生,在与其他老师讨论如何支持这些孩子后,决定为他们提供一项干预方案,并监测其半学期内的进展情况。利亚姆和学校的英语协调员就支持的水平达成了一致,并为小组中的每个孩子设定了目标。

奥利维亚(Olivia)

在奥利维亚的日常实践中,记录了孩子们在课堂上达到学习目标的情况。利用这些信息,她记录的孩子们的学术进步和学习态度,能够让她了解群体的平均水平和群体内部的等级分布。随着时间的推移,奥利维亚注意到有一个孩子的表现超过了预期,并与班主任分享了这个信息。在看完这个孩子自上学以来的进步轨迹之后,这个孩子被认为具有数学方面的天赋。因此,奥利维亚能够设定具有挑战性的目标,以确保孩子继续取得良好的进步。

参照教师标准6c进行实践时,你需要考虑以下几个关键问题:

- 你的学校如何使用数据提高标准?
- 数据如何与父母共享?
- 哪些干预措施可以用于支持低于预期水平的学生?
- 你清楚自己作为一名教师的期望,以及你在监控学生进步过程中所扮演的角色吗?
- 如何利用评估来判断学生的学习情况?
- 你如何在课程复习中学习?

教师标准6c可能的证据来源:

- 规划;
- 评估和跟踪数据,包括教师评估;
- 学习反馈评估。

6d:定期给予学生反馈,无论是通过口头的还是准确的记录,并鼓励学生对反馈做出回应

这个标准的具体条款考虑了如何给学生反馈,以及如何支持他们成为评估过程的一部分,这样,每个孩子都能掌握自己的学习情况。这种形成性的评估方法通常被认为是非正式的。你会根据三种不同的认知方式给出反馈:(1)观察;(2)口头讨论或提问;(3)评价。有两种基本的反馈类型——口头和书面回答。英国教育标准局(2015)认为,无论是书面还是口头上的学生评价和反馈,都是评估的重要方面。

口头

讨论和提问可以让教师快速评估孩子的理解能力,从而进行评价和诊断(Jacques and Hyland,2010)。在日常实践中,教师们可以找到合适的时机组织讨论以及向孩子提问,这在实践中表现为自发机会。对儿童给予支持的时机若既合适又及时,会让其学习活动更具有意义。课程的持续可以提供及时的反馈意见给学生以推动其学习,或对未完全理解概念的学生进行指导。这种形式的反馈可以极大地激励学生继续完成任务,建立自信。通过讨论,反馈成为教师和学习者之间对

话的方式,学习者应该能够了解到他们已经做得很好的地方,以及他们需要采取哪些步骤来取得下一阶段的进步。通常情况下,对孩子的及时反馈是最有意义和最有效的。无论是开放式还是封闭式的提问,都需要提前进行规划,教师考虑的问题越多,他们在支持学习方面就会有更充足的准备。一般而言,教师会把问题混合在一起,尽管开放式的问题会鼓励学生进行更深层次的思考(Ewans,2014)。高效的教师能够运用良好的提问,并通过与儿童的合作进行学习。孩子们有机会更深入地学习,因为他们通过制订策略来向自己提问,并找到答案,而不是教师告诉他们答案。通过这种对他们更有意义的方式,孩子们从表面转向更深层次的学习,也更有可能长期保留信息。口头反馈可以发生在课程的任何一点,一个有效的策略在课程中进行讨论互动,这有利于分享好的例子、解决错误观念、深化理解。

书面

"准确评分"(accurate marking)要求每个学校的管理团队应该按照明确的评分标准与方式进行打分。英国教育标准局(2015)认为:"评估和反馈应该与该政策相一致,能够以不同方式迎合不同学科和不同年龄组学生的学习,以便促进他们有效学习。"

在证明孩子已经取得进步的过程中,我们发现,随着时间的推移,有反馈跟踪的评估比一次性的评估更有效。这种追踪可以提供确凿的证据来证明儿童的进步水平。然而,反馈是没有价值的,除非它可以让学习者和教师安排一个时机让孩子对任务的评论做出反应。评估应该向孩子们表明他们的任务是有价值的,教师将能够参考他们自己的评估案例,强调积极和建设性的反馈。这有助于提高孩子的自尊心,并用于强调发展领域或下一步的步骤,评估孩子对学习目标的理解程度。有效评估用于创建教师和学习者之间的讨论和对话,以便对所做的评论进行讨论。这能够鼓励孩子积极参与反馈过程。从本质上来看,评估需要被儿童理解,并且通过全校统一的教育方式,儿童更有可能知道自己预期的发展状况。

自我评估和同伴评估

很简单,自我评估是关于孩子知道他们自己在哪里学习,同伴评估关心的是别人知道孩子在哪里学习。通过参与讨论评估标准和与儿童分享成功标准,他们可以参与更多的活动,从而促进他们积极参与和进行更深层次的学习(NFER,2007)。这是因为他们能够理解他们所要做的事情,所以对他们的成就做出判断。例如,孩子们一直致力于通过拟人化来提高他们的写作水平,一个孩子可以通过他们的任务检查他们的工作是否包括了这一点。这有利于鼓励孩子反思自己的任务。教师的角色是确保孩子有足够的时间完成他们的任务,并为孩子的学习提供机会。教师使用不同的系统,比如鼓励孩子用特定的颜色标记他们的工作任务,表明他们已经取得了什么成绩或者他们需要更好地理解什么,另一个需要考虑的方法是在工作结束时添加一个反馈框,以便教师和孩子可以进行对话。自我评估的一个重要方面是它应该考虑孩子的动机(ARG,2002)。研究表明,提高自我和同伴评估的技能对于帮助孩子成为有效的学习者是至关重要的,这些技能包括为自己的学习承担更大的责任、反思学习、增强自尊和动力(Briggs et al.,2009)。教师是确保信任和尊重文化的关键,在课堂上他是可以失败的,可以从错误中吸取教训。这种形式的评估要求孩子们接受训练,包括理解它的目的,如何识别任务的特点,并提出改进使用词汇的方法。伊万思(Ewans)建议孩子们可以使用的一些自我帮助策略,例如重新阅读作品、使用便利贴作为提醒、提出一些鼓励自己进一步思考的问题等。通过这样的活动,孩子们可以在与教师分享之前,有机会去思考和改进工作。给孩子们这样的机会来讨论和思考工作,这推动了问题的解决和推理策略的发展。教师可以使用这种方法来鼓励孩子们进行学习评价以及确定他们的下一步计划。并且,它还支持一种包含反思和调查以推动持续改进的课堂气氛。

> 小贴士:一般的赞美是没有用的,它会分散你的注意力,让你忽略那些真正重要的东西。把重点放在对学习者来说有针对性和挑战性的评论上,鼓励对话和讨论。

实践案例——教师标准6d

艾米丽(Emily)

在一年级的数学课上,艾米丽发现一个特殊的孩子会混淆数字和分组,艾米丽鼓励孩子计数12个筹码,并分享"一个给你,一个给我"的口诀,直到所有筹码被均匀分配。艾米丽会对这个孩子认识到这些概念进行表扬,并鼓励他通过和其他朋友分享筹码来进行巩固,这样每个人都能获得相同数量的筹码。除了巩固减半的方法外,这个孩子还被提醒要使用所学的知识将2,4,6,8和10减半,并在面对大的数字时使用这个技能。

林恩(Lyn)

　　詹姆斯努力地把字母写得正确。当他的老师林恩观察他练习书写时,他完美地写出了字母"h"。在林恩的反馈中,她告诉孩子这些字母写得很好,整整齐齐。林恩问詹姆斯,他能做些什么来进一步改进自己的书写,并询问他是否还有上升的空间。詹姆斯表示他下次会有更高效的提升。詹姆斯很高兴,因为他对自己所做的事情很有信心,并且能够清楚地表达出他是如何取得进步的。

　参照教师标准6d进行实践时,你需要考虑以下几个关键问题:

- 你使用什么策略来确保使用一系列的方法来提供反馈?
- 你如何监控和记录进展?
- 你的计划如何证明你一周内都在和相关的学习群体打交道?
- 你如何记录哪些团队在独立工作,哪些有助教的帮助,哪些有老师的支持?
- 你如何规划自我评估和同伴评估的机会?
- 有哪些流程可以支持孩子们对自己的学习做出决定?
- 学生如何反馈你的评估?你什么时候把它加入课程来支持这一点?

　　教师标准6d可能的证据来源:

- 用反馈和学生反应进行评估;
- 课程观察;
- 自我评估和同伴评估工作;
- 目标设定;
- 成功标准的案例。

　　当教师关注孩子做得好和如何进一步改善,而不是与同年级或同水平同学比较的时候,这种反馈是有效的。这是因为孩子们需要思考如何取得进步,这是关于学习的过程(Cooper,2014),而分数体现的是学习的结果。学习的过程并不支持学习结果。

本章小结

小标题与主要教师标准相关。教师将通过参与讨论来证明他们所掌握的知识是最新的。在监测进展情况、设定目标和通过评估提供反馈等方面,都将通过文件显示出来。不管是班级整体评估和个体评估,还是自我评估和同伴评估,这些活动都是紧密相关的。

随着你获得自信并加深理解,将开始意识到专业属性、知识与理解、计划、教学以及学习与评估是相互关联的。因此,对评估的理解是获得完全教师资格证书(QTS)的关键。(Glazzard and Stokoe, 2011, p.68)

对学习的评估可以与大多数教师的标准相联系,而不是孤立的。当把评估与学生进步(TS2)、评估与计划(TS4)联系起来,分析是否满足所有学习者的需要(TS5),你就会看到评估标准和教师标准之间的大量重叠。

第七章
有效的行为管理保证优质安全的学习环境

教师标准7——有效的行为管理保证优质安全的学习环境：

7a 根据学校的行为守则制订日常行为规范，承担维护校园文明礼仪的责任；
7b 对学生的行为提出高要求，建立纪律守则，使用表扬、惩罚和奖励等一系列策略，并长期公平地执行；
7c 有效地管理课堂，采用适当的方法满足学生的需要，鼓励他们参与其中；
7d 与学生保持良好的关系，在必要时适当管束并果断行动。

这是什么

对于教师来说，无论是在职业生涯中的哪一个阶段，课堂行为都会成为一个持续性的思考题。每个学校都会设置一套自己的纪律行为守则。为了满足教师标准，本章详述了教师所需要做的事情，这包括了如何提高和运用持续性的期望、如何适应不同的环境。积极的工作关系改善了行为管理策略的使用效果，因此，学习管理和行为管理是构建高效、成功的学习环境的基础。

如何体现

在以往的课堂中，明确、连贯、承诺和自信是高效行为管理的特征。当我们审视各个部分的时候，将在后期回顾这些规则。但是我们必须清楚表明的是，你永远不能够完成每一项，即使你完成了每一项，也不能说明你做好了行为管理。这是因为每一年学生都在变化，他们拥有不同的需求，教师也应该和他们塑造不同的关系，对一个团体起作用的规则不一定对另一个团体的学生起作用，然而，一个学校的行为守则是不变的。这一标准包括如何支持学校政策、如何使用惩罚和奖励等一系列策略。这一标准被用来管理好学习和行为、制订反校园霸凌的措施、支持学生为他们的学习和行为负责任等。当然，通过分析教师对可能会出现的问题的回应和处理方式，也能够展现教师标准。

章节概述

行为管理是一个热门话题，不但受到公众关注，政府也非常重视，还一直是所有学校的关注重点。最近，学生的行为和安全是关键重点，人们已经意识到低水平的干扰是多么令人不安（DfE and Morgan, 2015）。政府通过对教师的支持来解决他们的不良行为，这表明教师可以用合理的力量来维持自己的行为（DfE and Morgan, 2015）。当我们探索行为管理的问题时，如何把学校政策和政府立法转化为日常实践是一个具有挑战性的问题。每个教师的工具包里都有一系列的行为管理策略，包括适用于全校和课堂环境的策略，同时意识到行为管理的整体性以确保全校的一致性，比如关于课堂教师实施奖励和惩罚的价值的讨论，这是比较个性化的问题。这些规则将会实施，因为每个教师都非常了解学生，知道他们的兴趣，知道什么能激励他们。

第七章　有效的行为管理保证优质安全的学习环境

本章强调将儿童纳入学习和行为规则的决策制订过程中,是基于这样一种理解:儿童有权感到安全,不应该忍受来自他人的破坏性行为。学习和行为是分不开的,这是一个复杂的领域,所以有必要对行为的理论进行概述。行为管理有许多理论,教师将会运用他们认为有效且舒服的方法。教师不是彼此的复制品,对于规则的制订,或许每个教师都有所不同,所以重要的是使用自然的、适合学生的方法。本章会呈现一些关于学习社会和情感方面行为不佳的案例。学校关心儿童的学术发展和社会发展两个方面,这是教学和学习的基本要素。与此同时,为了促进独立,有时候教师需要支持学生进行自我管理。教师负责营造班级信赖关系,形成积极的课堂氛围。本章的最终目的是当你处于管理困境时,支持你去探索如何发展教师自信和教师权威。某些时候,教师也许需要策划具体行动来支持学生的行为和学习,即使发生了意想不到的情况,我们也能通过探索并变更教学方式来适应当时的状况。如果教师发现自己处于这样的情形,那么他应该意识到学校系统是支持他们的。

分述再总结

学习和行为是相互渗透的,就像行为是学习的一个表现一样(James,2013)。如果要使我们自己在行为中感到安全,那么就必须思考学习环境的重要性。重点是管理行为,因此学习要设定明确的期望,这包括自信地计划课程不同部分的学习。仅仅知道要做什么是不够的,对行为的深入理解将帮助教师了解这个方法的价值。通过理论和实践的结合,我们将会找到管理行为的策略。但是这个探索过程犹如洋葱,需要扒开层层叠叠的障碍才能得到真相。因为行为理解的核心是学习。因此,本章的设定是以学习行为为背景的。障碍出现的方式有关系、规则、日常工作、惩罚和奖励、策略、教师权威和赋予学生权利等。通过这些细节,我们将建立起对如何实施教师标准第七条的理解,同时也知道了耐心和坚持是成为一名成功面对挑战的优秀教师的法宝。

7a:根据学校的行为守则制订日常行为规范,承担维护校园文明礼仪的责任

解释

一堂课的开始对学习氛围有很大的影响。相应地,课堂中的不同部分如何成

功地过渡需要商榷,因为有价值的学习和行为或许会在这个过程中被忽视。对于教师标准来说,学生在教室外的表现与在教室内都是同等重要的问题,比如操场和礼堂。这些实践方面的内容都是建立在学校行为规范的框架之上的。接下来,教师标准会明确地探讨如何从政策转向实践。即使每个学校的政策都有所不同,但法律规定,所有学校都必须制订自己的行为规范(DfE,2014b)。这项政策规定了学校将如何促进学生良好的行为,包括自律和尊重,以及学校如何防止霸凌等。教育局官员和校长将确定所有学生和教职工在该学校所需遵守的规章制度。政策要详细列出行为原则是很重要的,这样政策才能得到贯彻执行。通常而言,校长至少每年必须在学校网站上发布一次学校行为规范(DfE,2014b)。

许多学校政策将会涵盖以下领域:

- 一致的行为管理方法;
- 强大的学校关系;
- 课堂管理;
- 奖励与惩罚;
- 行为策略和良好行为的培养;
- 教职工发展与支持;
- 学生资助系统;
- 与家长及其他机构的联系;
- 不同学生管理方式的衔接。

正如你思考适合教师标准7a的论据一样,想想你对学校政策的理解是如何影响你决定日常生活习惯的。这可能是因为你已经使用奖励制度鼓励了学生良好的行为,或者是你果断而自信地实施了惩罚,因为你深知这个学校的规则。采取一致的行为管理方法,这样就有了一套专门的策略处理相同的情况,比如每次用同样的方法处理低级别问题。通过一贯的处理方式,教师传递给学生一个清晰的信息,即对学习和行为的要求。这些规则适用于学校课堂内外,当教师在学校维持纪律时,很容易看出教师的行动是建立在了解学校规则之上的。学校政策引导教师思考的不仅是他们的行动,还有他们管理学习环境的方法,这包括如何组织课堂以确保学生专心致志、精神抖擞地投入课堂学习以及为他们的学习负责。教师要考虑在给学生分组和分配位置时要以实现高效学习为目的,还要使他们感到自在。在需要满足标准的证据之中,思考一下如何使用干预策略来鼓励学生恰当的行为,包括了培养或者孕育团体的措施,重要的是,重视这些团体的影响。一些学校提供名为"时间到"(time out)的空间,在教室里教师也运用这一策略,设置一个学生可以冷

第七章 有效的行为管理保证优质安全的学习环境

静下来的安静角落,在这里他们可以反省自己的行为,从冲突中抽离出去。这一举措可以帮助儿童意识到并管理自己的行为,主动地控制局面。莫斯里(Mosley,1996)提供了许多有用的方法,这些方法都是符合课堂规则和学生日常行为规范的,教师可以在实际教学工作中加以运用。不仅如此,他还指出了具体的干预措施,例如学习的社会和情感方面(SEAI),以说明教师如何将其纳入课堂实践,以展示教师计划和管理学生的学习和行为。

最近,政府意识到学校教育"低水平干扰"的破坏力以及它对学习的伤害。英国教育标准局认为,因为低水平的干扰,学生每天长达一个小时的学习可能毫无成效。为了解决这个问题,新教师将会接受训练,学习如何处理低水平的干扰,使之在实战中获得自信(DfE and Morgan,2015)。

要在全校形成成功管理行为和维持良好纪律的共识的重要途径就是支持教师。它给予了教师保护和自信,使他们了解到真正的实践就是处理干扰行为(Rogers,2011a)。你对全校性实践的理解将显而易见地反映你运用学校行为守则处理问题的方式。

  小贴士:教师是榜样 你和其他成年人的谈吐都将影响孩子是否尊重他人和养成良好的行为习惯。

实践案例——教师标准7a

沙罗(Saroj)

课堂的开始奠定了学习的基调,沙罗能够很舒服地使用独门绝技以确保学生能获知教师的要求。她上课从来不迟到,成了学生守时的榜样。当5年级的学生进教室后,她总是站在门口感谢他们能够保持安静,然后在午餐过后心平气和地解决学生之中存在的一些问题。当学生开始下午的课程,他们会从活动列表中选择同样的活动程序,然后抽出5分钟时间忙自己的事情。在此活动之后,学生开始预习课程。沙罗要求学生不仅要面向她,还要通过认真听讲和积极回答问题来表示自己做好了学习的准备,并且要求他们在其他同学发言的时候必须安安静静地听。学生非常清楚他们老师的要求,因为他们每天都是这样过的。

朱迪（Jodie）

　　信任的氛围还没有建立的时候，朱迪会花几周的时间给学生讲授一致的要求框架，使学生感到安全可靠。她要确保所有学生都在听她或者其他人发言，制止其他人发言时有孩子讲话。这个学期开始时，有学生在别人发言时讲话的情况经常出现，不过现在很少发生了。刚开始，朱迪让孩子们试着改变，这需要耗费一些时间来建立他们的自信心。最初，当有人说错话时，孩子们哄堂大笑，但是她每次都表现得很冷静，因此孩子们意识到哄笑是不对的。现在有更多的孩子愿意说出想法、提出或者回答问题，支持性的课堂氛围建立起来了，因此，比起嘲笑他人，孩子们现在在学习上变得更加紧密了。

　　参照教师标准 7a 进行实践时，你需要考虑以下几个关键问题：

- 孩子们如何获知你对行为的要求？
- 教室规则谈到了孩子们吗？
- 这些规则在教室里展示出来了吗？
- 你怎样使用学校行为规范促进积极的行为？
- 和儿童接触的其他成人如何知道你的要求？
- 你提供什么机会让儿童相互尊重？

　　教师标准 7a 可能的证据来源：

- 学校行为守则；
- 教室守则；
- 教学观察；
- 学生观察；
- 学校重大事件记录；
- 惯用教案。

第七章　有效的行为管理保证优质安全的学习环境

7b：对学生的行为提出高要求，建立纪律守则，使用表扬、惩罚和奖励等一系列策略，并长期公平地执行

一致性

在我们的生活中，有时需要一种一致性的措施来确保一切工作按预期运行。我们希望每个早晨都能搭上同一班上班的列车，如果这班列车晚点或是被取消，这会给我们带来挫败感甚至造成混乱。也许我们会在健身房挥汗如雨地准备半程马拉松，但是每周锻炼一次所得的收获显然跟长期锻炼所得的收获有差距。同样的原则可以应用于课堂实践，因为我们需要在我们所做的事情上保持一致性，发出关于指导行为、学习规则和原则的相同指令。如果我们运用不同的标准，儿童将会变得疑惑而无法分辨事实：保持行为的一致性，代表了学生在犯规之后知道他们将会受到的惩罚，同样地，他们也知道遵守规则将会发生什么（Dix，2010，p.21）。当你了解了这个标准，通过行为要求，你就能够思考如何确保运用一种一致的方法。

这种方法不会一天天地变化，因为它建立在学校和你自己的价值观之上。这不但关系到儿童与彼此的说话和倾听方式，还关系到与课堂内外的成年人的交流方式。日常生活当中最常见的例子就是，儿童应该用与教师说话的方式与助教和午餐主管交流。如果儿童没有达到教师的期望，那么确保这种管理和处理方式的一致性是教师的职责。高要求跟工作的行为和态度有关，你可以在整个课程中监督：在这个过程中，谁参与进来了，谁是积极的，谁是有兴趣的。教师的观察记录能够提供你满足高要求的证据，帮助你处理这些问题。儿童达不到教师的要求，也许是工作没做到位的结果，也许是太简单、太难，或者没解释清楚、没向学生提供示范。同样地，儿童没有目标或者行为不端需要教师去解决。所以，教师如何处理这些事将会以学校和班级规则所定的惩罚为基础。

表扬、奖励和惩罚

表扬

一种非常简单但行之有效的方法就是表扬。一般的"做得好"是没有用的，因为它没有告诉儿童他们取得了什么成就。当一个教师告诉一个孩子或者一群孩子行为的要求时直接演示出来，比如想发言的时候要举手而不要直接说，会非常清晰直观。这是鼓励和激励其他人也这样做："当你真诚地和学生交流，你会发现和他们在一起有多么的愉快，信任就建立起来了，而且还能激励他们维持这份努力。"（Dix，2010，p.31）当你达到了教师标准 7b 时，你也许会思考如何在课堂上运用表

145

扬。每个学校都有一套不同的方式来表扬学生，包括打电话给父母、在操场上给父母带话、可以带回家分享的证书。找出你的学校的表扬系统，无论使用什么方式，当孩子们回忆"承认和肯定"时，表扬和鼓励将会使他们受益终生（Rogers，2011b，p.135)。

奖励

当教师宣布奖励与惩罚的时候，孩子们不但需要清楚这一切是依据公平的奖惩系统，还要明白奖惩是如何来的。考利（Cowley，2014，p.81）提供了一个建议："当使用奖励和惩罚的时候，保持奖励的比例为五分之一。"有的时候，你所分发的奖励总是跟行为、态度和学习上的进步有关。最后，教师会把奖励颁给那些表现良好的学生，因为他们是自己驱使自己表现好的，同时也尽全力做到最好。考利（2014）认为奖励是有效的，因为儿童能学着使用外在动机迫使自己进步，并把外在动机转化为内在动机。奖励能帮助儿童明白什么是最重要的，同时教师也必须确保奖励的类型是适合儿童的。对一个特殊年龄阶段的群体或者班级起作用的奖励，不会自然而然地对另一个群体或是班级起作用。所以教师很自然地采用和变换着奖励，比如各式各样的贴纸、小星星、小黑板、证书，或者"黄金时间"，即允许孩子发展兴趣的特定时间，比如玩iPad的时间。教师鼓励学生把他们的椅子放在桌子下面，在奖励特别努力的儿童时就可能会给他们一双神奇的鞋子。这是一双中间有洞的鞋子，能让他们滑到椅子腿处。当儿童达到要求时，教师会用许多富有创造力的方法提供奖励来鼓励他们。

惩罚

没有教师喜欢惩罚学生。这一观点在帮助儿童理解行为边界、定期学习行为要求上扮演着重要角色。教师通过公平公正的安排建立起行为和学习的框架，这个框架可以建立信任并展现出可预测的行动和反应模式。行为规范将指导教师实施最合适的惩罚，因此学校的所有教职工和在校生遵守同样的规则和行为要求，成就"最好的老师，最公平的学生"（Cowley，2014，p.87）。所有教师都坚持的一条黄金法则，即通过惩罚使学生变得清醒。举一个例子，教师提醒学生上课时不要讲话，但是这个学生开始聊天，如果这种行为不受到惩罚，不久其他人也会开始说话，因为他们认为规则似乎并非必须遵守。这会使儿童产生混乱。尽管不断地提醒他们会让教师感到疲惫，但长期这样做的一致性会让学生意识到规则是针对所有人的，然后他们就不会在上课时讲话了。教师也许会使用种类繁多的惩罚。成功的做法是使用全校一致的方法，因为这表现出全体教职工对行为的普遍要求（Rogers，2011a)。

第七章 有效的行为管理保证优质安全的学习环境

> 小贴士:也许你教的每一个班级的奖惩形式都不一样。你需要了解学校守则的关键信息,然后思考如何在你的日常实践中运用和坚持这些守则。

实践案例——教师标准7b

黛比(Deb)

在这个四年级班级里共有28个孩子,其中只有6个女孩,她们与男孩相处得不好,因此有许多冲突。因为学生往往很容易陷入麻烦或相互竞争,因此黛比注意到她需要采取措施帮助班级改变分裂的局面,大家才能和平相处。她设立了一套班级奖励系统,规定名单上的所有学生需要组成一个团体,一起学习。比如,一节课后,桌子要收拾整齐,书本要放好,表示他们已经准备好上下一节课了。哪一组最先完成,就可以获得一颗小星星,获得了最多小星星的那一组在一周结束的时候还可以获得额外的奖励。一周之后,如果每个组获得的小星星一样多,那么全班就可以获得5分钟的玩耍时间。在接下来的几周,黛比注意到了学生的行为变化,他们相互鼓励,表现良好,同时为了第一个完成任务,也开始相互帮助。

盖瑞(Gerry)

盖瑞注意到一个特别的小孩凯尔(Kyle)经常在游戏时间出问题,当他出错了,其他孩子就立刻指责他,不和他一起玩游戏。因此盖瑞设立了一套奖励办法,鼓励孩子们告诉教师关于凯尔和他们自己在游戏时间中的好消息。每当一个孩子分享他们一起玩得很开心的例子,这个孩子和凯尔都可以加一分。盖瑞逐渐发现,当孩子们在他们的游戏里变得更加友好和宽容时,友谊建立起来了,凯尔也被善意相待。

参照教师标准7b进行实践时,你需要考虑以下几个关键问题:

- 你将如何与孩子和其他成年人分享惩罚和奖励系统?
- 你将实施全校的行为管理体系还是自己开发一套?
- 你如何让孩子们提出他们自己关于奖励机制的看法?
- 你如何确定你所使用的机制有效呢?
- 你如何确保父母们对行为管理策略上心呢?
- 在班级里,你认为什么是学习和行为的阻碍?
- 你注意到并认可表现良好的学生吗?

教师标准7b可能的证据来源:

- 教室中奖励计划的图片;
- 私人奖励系统的例子;
- 私人行为计划;
- 监督行为和态度的追踪记录;
- 对学生学习态度的评价。

7c:有效地管理课堂,采用适当的方法满足学生的需要,鼓励他们参与其中

承诺

课堂管理是教师标准7c的基础。这包含了一系列的策略,帮助教师在教室营造一个积极的学习环境,其中包括了形成相互尊重的师生关系,这也与教师标准的第一条有关。现实的课堂环境是一个舞台,展现了孩子们的努力,诸如班委的奖励系统展示出了孩子们达到了理想的要求,资源也管理得当。有一份名单规定了孩子们在关于管理环境方面的不同责任,比如有些人负责保持读书角整洁,有些人负责把笔袋放在桌子上或者分发iPad。这些都是孩子们如何参与的例子,其中,结构是很有必要的,因为它给孩子设置了界限并引导了他们。它提供了安全性,并被公认为是一种有效的行为管理策略:"对于我们学校中最难相处的学生来说,这种结构很可能在他们的世界中是缺失的。"(Cowley,2014,p.12)

第七章　有效的行为管理保证优质安全的学习环境

就像现实环境，课堂风气是教师管理行为和学习的基础。想想教师如何用肢体语言来设定期望，以及如何在保持纪律的同时激发学生的兴趣。教师如何展现存在感和权威，以及班级组织的方式，都展现了一种植根于纪律严明、积极向上的工作环境的风气是如何建立起来的。教师表现出对班级的承诺，遵守学校的规定，并日复一日地维持所有孩子都能学习的安全环境："班级守则应该只以教育、道德和安全的标准为基础"（Petty，2009，p.123）。所有的儿童都有学习的权利，学生之间的关系和师生之间的关系一样，是班级风气的基石。这意味着你想被怎样对待，就要用同样的方式对待儿童和其他教职工。记住，教师是榜样，不管他们喜不喜欢，都会被学生、家长和公众评判。正如使用积极的肢体语言一样，教师也会使用积极的口头语言，比如表扬或者通过给予明确的反馈来表现对儿童的兴趣或进步的关心。罗杰斯（Rogers，2011b）认为在孩童受到纪律处分的情况下，使用积极的语言可能并不容易，这正是由于情感上的影响。发展一种冷静而自信的积极的语言可能需要一些练习，但值得坚持下去，因为这可以帮助教师重新关注教学和积极的工作关系。当教师提供他们如何使用积极的语言的证据时，他们将会展现自己是如何使用有效的策略和方法来管理学生行为的。

学习障碍

如果教师想了解如何有效地管理儿童行为，他们必须非常了解儿童。行为管理的核心是考虑所有儿童的发展。关于儿童的知识将会帮助教师识别出学习者群体，这个群体也许会给教室带来挑战和骚乱。不能让任何孩子的教育被中断，这一点已经被人们知道并承认："去年英国教育标准局发现因为低水平干扰，儿童每天可能会浪费1个小时的学习时间，相当于每年损失38天。"（DfE and Morgan，2015，p.1）如果有孩子胡作非为，这是他们在表达愤怒或挫折。这种行为必须得到解决，在处理干扰的过程中，会迅速分散学生的注意力。干扰能够被定义为低等水平，比如简单的违规；中等水平，比如重蹈覆辙；高等水平，包括暴力和不尊重他人等。但水平最高的还是屡教不改的那类学生，他们的表现不尽如人意，所有让人不能接受的行为都可能成为外部或内部的来源。

外部来源也许是父母与孩子之间的不良关系，或是教师与学生之间的，或是不同学生之间的。这些困难关系可能是造成孩子自我形象认识错立和注意力分散的原因。重要的是寻找问题的根源，教师能够因此通过明确的策略来监督管理班级情况。家庭环境是对儿童的行为造成影响的另一个外部因素。这也与人际关系有关，比如，有新出生的兄弟姐妹，孩子可能有不同的感觉，也许兴奋不已，也许突然间失去了作为焦点的位置而情绪低落。当新的成员加入家庭，教师可能会注意到孩子的行为变化。这种情况有必要同父母或监护人进行交流，以便在家庭和学校中使用一致的方法来帮助孩子适应变化。许多内部冲突来源于马斯洛总结的不同需求,他提出需求是分层次的,最底层的是生存,然后是安全保障、社会与家庭的满足、社会地位和自我实现,最高层是成就感(Denby,2012)。这个等级制度"暗示孩子必须感到安全和被社会认可,然后才有真正的学习动机"(2012,p.102)。如果是这样的话,当我们希望孩子有学习的动力,并以预期的方式表现自己时,就必须满足他们的基本需求。一个晚上没有睡好觉或者饿着肚子来学校的孩子将不会有动力,也不会在学习和行为上达到要求。饮食也许是一个因素,在特定的环境下,语言对于某些孩子来说也是一道障碍。一些隐藏的学习障碍通过挑战性的行为显现,儿童则会遵循另一个模式,"因为他不理解,所以他表现不好;因为他表现不好,所以他没学到知识"(Cowley,2014,p.121)。对工作内容进行分类和细化,有助于任务的完成,而教师会对这种情况进行仔细且敏锐的处理,确保孩子不会感到尴尬或不适。比如让孩子参与听说活动和建立个人奖励系统,这些策略都是有成效的。当儿童觉得任务太简单或者太有挑战性时,会形成不好的学习态度。在他们的计划里,教师需要把握好全局,让孩子能够好好学习并取得进步。

让孩子参与学习

接下来,我们探索可以帮助学生感受自己学习和行为的方法,让他们不会感觉自己被束缚,而是被授予权利,可以自行决定学习策略。如果让儿童提出班规,然后共同讨论并达成一致,他们就会更乐于在班级行为规范上花心思。这种方法被称为社会建构主义(Cooper,2014)。语言的选择影响着儿童关于他们行动的决定,这有助于他们取得下一步行动的自主权,而不是教师告诉他们必须做什么。但现实是教师管得太多,总是成年人替儿童做出选择。在你的课堂上,有的孩子也许会玩玩具而不是认真听课。这里,孩子可以自己做决定,选择把玩具收进抽屉里或者放在教师的讲桌上。教师应该让儿童重新把注意力放在课堂上,同时支持他们把玩具放在一边,即使玩具的去向是由儿童自己决定的。

教师在考虑表扬和奖励的时候,奖励的名额应该超过惩罚的数量。泰勒(Taylor)在教育部(DfE,2011)报告里建议,教师应该表扬那些达到要求的孩子,而不是训斥那些犯错的孩子,这被称为"替代性赞美"。对预期行为的具体表扬将有助于孩子们认识到他们做得很好,之后他们会乐于重复这种行为并且为其他人做好榜样。这一战略关注的是外显行为,通常被定义为行为主义。行为主义的主要原则是所有的行为都是后天习得的,所以可以不学习,用后天习得的行为取而代之,并提供正确的回报。据说孩子在行为方面就像一块空白的画布,他们的行为取决于他们所接触到的东西,虽然一些行为不是学习获得的而是天生的(Chaplain,

第七章 有效的行为管理保证优质安全的学习环境

2003)。我们倾向于学习(重复)那些得到过奖励的东西。查普林(Chaplain,2003)认为,在班上表扬孩子是一种激励,这会刺激孩子为了获得更多的表扬而更加努力学习。对于奖励是什么,孩子们会有不同的看法。一些孩子在同龄人面前被表扬会感到不适,对于另一些孩子来说,贴纸和小星星就很有用。查普林(2003)意识到一些儿童的行为能自我强化,这代表他们的成功是隐含的并且不需要外部激励。使用行为主义理论的教师采取"奖励和惩罚的方法来管理行为和惩治不当行为"(Cooper,2014,p.195)。参与学习的学生以及学习动机强的学生比被动学习的学生更加活跃,他们喜欢参与教室环境的塑造,从而建立起一种儿童和成年人相互尊重的文化。

小贴士:要知道你班里的孩子们的兴趣。在策略的使用上保持一致,因为孩子们需要知道他们得到的是公平公正的待遇。思考一下如何鼓励孩子们独立,并为其提供选择,使他们感到有权利自主决策。

实践案例——教师标准7c

达里尔(Daryl)

当孩子们感到自己参与了学习,他们会更加有动力和兴趣。达里尔的实践的价值核心就是确保所有孩子感到他们的贡献是有价值的。在六年级,作为识字的一部分,他准备了一个说服性的写作活动。他为孩子们设计了校园夏日游园会的义卖活动,他们对自己的产品展现出热情,极力证明自己的产品最好,使用有力的说服性写作来鼓励人们买自己的产品。这个活动是在一个真实的环境中进行的,所以孩子们都积极参与。他们沉浸在自己的工作里,相互支持与合作。达里尔发现这对于儿童来说是一个很有效的方法,没有捣乱或者不良的态度出现。

玛丽莲(Marilyn)

在玛丽莲的班级里,学生们很难一起学习。玛丽莲采用了一套相互评估的系统,鼓励孩子们合作。一段时间过后,他们不但学会了用积极的语言相互反馈,还学会了欣赏其他孩子工作里的优点。就像孩子们参与学习并享受他们的工作一样,玛丽莲发现学生之间的关系有了很大的改善,低水平的干扰已经减少了。用这种方法训练孩子们很花时间,但是玛丽莲看到了这种方法带来的巨大的长期效益,现在全校都在使用这种方法。

参照教师标准7c进行实践时,你需要考虑以下几个关键问题:

- 你给了孩子们什么机会使他们可以自己做决定?
- 你是如何鼓励孩子独立学习的?
- 孩子们承担了维护学习环境的责任吗?
- 你花时间反省教学方法或者策略对学生的影响了吗?
- 当孩子们在学校/教室或者参加不同的活动、课程的时候,他们都清楚自己应该如何表现吗?
- 如何用表扬来激励孩子?
- 你对教室和资源的安排有利于学习独立性和负责任的学习态度的发展吗?

　　教师标准7c可能的证据来源:

- 儿童工作与同伴评估意见;
- 评估以前用过的方法的计划;
- 学生观察记录;
- 助教的反馈;
- 课程评估;
- 教学观察的反馈。

7d:与学生保持良好的关系,在必要时适当管束并果断行动

自信

　　当孩子们知道教师将会坚持实施行为规范和课堂常规时,他们会因为感到安全而高兴,行为也会有所改善。(DfE,2011)

　　教师标准7d强调的是教师要在教学对象发生变化时做出应对。在做决定和管理特殊情况的时候,教师需要自信和坚忍。另外,管理行为是很复杂的,因为不良行为随时可能出现在任何儿童身上。与每个孩子的积极关系将会帮助教师以冷静的态度处理任何意想不到的情况。维护一段积极的关系主要是和孩子建立信

第七章 有效的行为管理保证优质安全的学习环境

任,这可以通过划清行为界限和自信实施策略而达成。信任教师的学生将会学着依赖成年人,并且会有安全感。孩子如何思考(认知的)和如何感受(情感的)是非常有力量的,因为这能够影响他们在学习中的接受程度和参与程度。这反过来又促成了积极的行为。自信的教师将会思考如何发挥他们的肢体语言、如何使用非语言暗示和他们的语气,因为他们能够承担责任并且表现出权威的姿态(Cowley,2014)。他们会在实践中既表现出权威,又表现出对儿童的尊重。有时候,师生的相互尊重关系可能会经受检验。比如当教师必须处理次要的干扰时,在这些情况下,谴责可以夹杂在表扬中间。如果一个孩子分散了其他人的注意力,教师可以对这个孩子做得好的事情发表评论,坚定地说明应该如何表现,然后积极评价。当教师不得不惩戒孩子的时候,这可能会使师生关系变得紧张,所以重要的是孩子们快速恢复冷静,消除紧张感。推荐的策略是,当孩子做正确的事情时,对他们给予冷静而幽默的表扬。"幽默能够让人放松、充满吸引力、富于鼓励——甚至消除紧张"(Rogers,2011b,p.68)。作为榜样,教师能够展示他们期望看到的行为,包括在困境中管理情绪。保持课堂纪律,并让教室充满乐趣,因为教师知道孩子们在没有压力的情况下会学得更好。

行使权利,果断行事

这部分教师标准强调了教师行使适当权利和果断行事的必要性。当对其进行考虑的时候,教师需要思考他们如何管理未知情况。如果想要全部的孩子在所有时间表现良好,那么教师将会灰心丧气。他们难以预料那些出乎意料的情况,并就如何应对和控制局势做好准备。为此,学校将制订政策。这规定了教师应该如何处理不可接受的事件。使用干预是必要的,教师使用了许多不同的方法,包括"视而不见"这种低水平方式,罗杰斯(2011b,p.139)把这称为"战术性忽略"。在这种情况下,教师选择忽略孩子,但仍然在很大程度上控制着孩子,然后抓住机会重新关注孩子,或者在全班提醒预期行为。教师使用的其他策略包括给手势,比如当一个孩子不管教师提醒与其他孩子交谈时,在嘴唇上竖手指表示噤声,在等待时间里告诉孩子们谁表现得好,或者再强调一下班规。重新定位班级,教师或学生都可以为改变学生的行为提供有用的解决方案。教师要意识到情感的力量,例如愤怒、焦虑、自卑等心态对思维和行为的影响。这使用的是认知行为方法(Chaplain,2003),涉及教师的指导作用,支持学生辨别和调整他们的行为,因为孩子的内在感受(情感)和思维方式紧密相关。

涉及儿童安全、欺凌问题和高度干扰等更为严重的问题时,教师必须迅速采取行动。当处理这些情况的时候,教师必须果断而有威信。果断是至关重要的,即使教师底气不足,也应该从权威视角清楚地阐释行为规范。有时候一个孩子也许会有一个私人的行为计划,也许他们的行为非常具有破坏性并正在计划中。罗杰斯(2011b)强调了全校性的教学方法的重要性,并让合适的同事参与实施。

在管理行为的全部案例中,教师必须更多地关注行为本身,让儿童明白教师是不喜欢他们的行为,而不是不喜欢他们。对如何处理意想不到且不可接受的行为有着清晰的认识、对行动计划充满自信,将会帮助教师在困境里主动出击而不是被动反应。

> 小贴士:了解你班上的学生——不仅仅是学习能力,也包括他们的兴趣爱好,这样你就可以向学生们展示你对他们的兴趣了。快速建立起彼此间的信任,以此保障与班上每一个孩子的积极工作关系。记住,可以从父母那里了解更多关于孩子的有价值的信息。

实践案例——教师标准7d

克里斯(Chris)

只要有人进入教室,就能很明显地感受到孩子们和克里斯的良好关系。当克里斯和学生个人、小组或者全班在一起的时候,经常产生高质量的谈话。她用问问题的方式鼓励孩子们使用高阶思维并引导他们学习。克里斯对孩子们的成果表现出真正的兴趣,这鼓励他们表现得更好。当孩子们努力去理解问题的时候,她冷静地再解释一遍,因此孩子们并不会感到挫败。过后,她会用开放性的问题检查孩子的理解能力。孩子们非常享受学习,并且相互间的尊重和信任在克里斯和孩子们中间建立起来了。

格温(Gwyn)

在设计技术课上,一个孩子拿出了从家里带来的玩具汽车。根据学校的政策和指导方针,格温意识到孩子们不应该把家里的玩具带到教室里来。他使用语言选择来处理这种情况,冷静地让孩子在两个方案中选择一个——要么把玩具车放进抽屉里,要么把玩具车交给教师放在前面讲台的桌子上。通过选择处理方案,孩子能够为自己的行为负责任,不仅遵守了学校政策,也有了自主权。其产生的影响是其他孩子看到了公平,因为孩子们全都遵循着同样的规则。在遵守学校政策的同时,教师要表现出自信的权威,明确地制订预期的规则。

第七章　有效的行为管理保证优质安全的学习环境

　参照教师标准7d进行实践时,你需要考虑以下几个关键问题:

- 你怎么和其他同事合作?你如何利用专家的意见制订策略教育那些爱捣乱的学生?
- 你是如何与孩子们建立尊重关系的?
- 孩子们怎么知道你是关心他们的?
- 你何时需要处理意外情况?用的什么策略来进行处理?
- 你是如何使用学校政策应对具有挑战性的情况的?

教师标准7d可能的证据来源:

- 课程观察的反馈;
- 关键事件的记录;
- 家长的信件;
- 儿童个体计划;
- 干预策略;
- 有关理论的方法,比如认知行为,解释说明你是如何对特定的孩子使用的;
- 用计划和注释表明你如何改进课程教学;
- 强调学校政策,展示你在何时使用过它。

本章小结

当教师使用策略处理学习和行为问题时,本章给出的讨论和案例将会帮助他们在实践中进行分辨。这并不意味着这些是践行教师标准第七条的唯一方法,因为在实践里有可能会出现很多不同的情况。然而,通过认识教师如何在他们的实践中发展解释、一致性、承诺和自信,教师将可以通过这些技能来强调如何提升创设积极学习环境的能力。本章强调了学习和行为之间的关联:"一贯良好的教学经验促进良好的行为。但是学校也需要实施积极的管理策略来帮助孩子们理解学校对他们的期望。"(DfES,2006)教师不仅重视教,还注重学,并在学校政策框架下运用有效的管理策略营造一个积极的工作环境。学校鼓励教职工为特定的孩子设置干预指导,并提高与父母谈话的价值。在效率最高的课堂中,教师会鼓励孩子们参与到学习中,使学习变得生动有趣且充满意义,让每一个人都乐于参与其中。学校行为纪律政策的重要性是众所周知的,它能有效帮助教师维持一个高效的课堂环境;有利于让所有的孩子感到安全有保障;有利于促进所有孩子的学习。每个孩子都有学习的权利,而每个教师都有权利在安全的环境中进行教学。

第八章
履行更广泛的职责

教师标准8——履行更广泛的职责：

8a 为学校的生活和校风做出积极的贡献；
8b 与同事建立良好的职业关系,了解如何及何时采取建议和获得专家支持；
8c 有效部署后勤人员；
8d 通过适当的职业发展来改善教学,回应同事的建议和反馈；
8e 就学生的成就和幸福感与家长进行有效的交流。

这是什么

　　这一标准侧重于阐述学校教职工的角色和责任。它包括探索涉及学校系统的人员,他们各自的角色是什么,以及这些角色如何相互补充。学生的教育和发展是每个教师的责任,教师的角色要求他们在学校团队里起有效作用。这是一个让教师反省他们在工作中如何做到不孤军奋战,而是在独立工作的同时又与专业团队进行通力合作的机会。这一标准注重教师如何通过与其他同事发展合作关系以有效地促进教学,如何联系他人以及向其他人求助。当我们考虑如何在所有群体之间发展有效的沟通渠道时,教师、辅助人员和家长之间的交流就显得愈发重要。本章论述了教师在履行学校使命中的重要责任,以及如何通过与家长、教师和辅助人员的合作来实现这一目标。本章也提供了教师参与学校生活的不同方式,并通过支持和领导课堂内外的教学来丰富校园生活,其中包括实现这些目标的案例。

　　本章同时也给出了教师如何为他们的专业发展承担责任的建议和意见,以满足他们自身发展的需要。它会引导你进行反思实践并采取行动以进一步深化对这一问题的理解。通过这个标准,你将能够理解为什么那些优秀教师同时也是终身学习者,而且这些优秀教师重视同事的反馈,并以专业的方式采纳建议。

如何体现

　　教师标准8要求教师证明他们如何为学校生活的各个方面做出贡献,以支持学生的学习和发展,以及他们是如何支持学校价值观的。当找到这个证据时,教师将能够反思自己,证明自己有与同事及家长高效沟通的知识、技巧和能力。这个标准要求教师思考如何部署辅助人员,如何在日常工作中展现合作意识及合作能力;要求教师对他们的专业发展需求做出评估,并结合自身经验和未来目标与其他教学人员及管理者保持专业对话。总之,这条教师标准的重点可概括为:与同事沟通、与专业团队合作、反思课堂实践、关注持续性的专业发展需要、协调并有效部署辅助人员。

章节概述

　　本章借鉴了本地和全国范围内一些行之有效的学校实践,涉及英国主要的教育政策,这些政策影响了学校的工作方式,也改变了教师和辅助人员目前在学校工作的方式（DfE,2011;Ofsted,2012）。在阐明了政策变化的背景之言,本章继续介绍每条标准及其内容,从而对学校课程的隐藏要素进行更深入的探索,同时也讨论了教师角色的作用。尤其是关注教室四面墙之外的学校事务,将会帮助你思考怎样制订不同的方法来参与丰富多彩的校园生活。在建立积极学习环境的背景下,本章将讨论学校风气的重要性。在这章中,我们将看到作为学校团体的一员如何阐述共同价值观以及与其他成员相处的原则。而后,我们将探讨团队合作面临的挑战和机遇。我们会考虑谁在学校做什么,什么时候适合听取专家的建议。然后我们思考其他在学校工作的成年人的不同角色,以及如何安排他们以促进高效的教学工作。探讨了工作模式后,我们将继续思考如何与后勤人员一起准备、制订计划、进行教学和评估。

对我们而言,在这里强调专业的持续性发展是很有必要的,这也是第十章很重要的一个主题。本章重点介绍了教师与家长的沟通,指导你在反思他们所起的关键作用的同时,也反思与他们不同的互动方式,不仅是为了向他们提供儿童的信息,而且是为了儿童的发展和教育而一起努力。

分述再总结

让我们一起来梳理一下你应该做什么来体现这条标准。为了完成这个任务,我们会分成几个小组来探讨细节,然后也会考虑一下日常实践口将会出现的机会,而这些机会将会帮助你从实践中找到证据,以达到标准。

8a:为学校的生活和校风做出积极的贡献

每所学校都有自己的身份认同,这在学校使命宣言中已经列出,并逐渐成了学校自身的特色,所以没有哪两所学校是相同的。校风是学校中的成人和学生在长期的交往和积淀中营造起来的(Taylor and Woolley,2013)。这些人在学校内的互动和行为方式证明了这一点。在校的每一个人都会对学校做出贡献。你的价值观将会影响到你教室的教学环境(Taylor and Woolley,2013)。作为教师,我们有时为小事感到迷惑,可能忽视了学校的核心目标。所以学校的使命就是提醒学校里的人们他们想要达到的目标。通过和孩子们讨论学校的价值观与理念,学校用它们的办学使命作为一种交流形式。

在实践中寻找证据,思考你将采取什么行动来为学校文化做贡献并维护学校的价值观。这可能要通过你平常所教的课程之外的活动来进行,而且可能需要占用你上课以外的时间。你也许会有特别的兴趣或技巧来进一步支持学校。课堂教师可以承担一部分课程的责任,作为他们专业职责的一部分。这为你提供了一个发展兴趣和技巧的机会,也展示了你是如何支持学校的各项事务的,这一点也能通过你支持同事或者如何发展学校课程来证明。即使你不能承担学科责任,也往往有机会参与学校以外的更广泛的社区项目。也许是组织圣诞颂歌音乐会、运动会或学校旅行的机会,甚至可以围绕你正在教学的一个话题来安排一个主题日。例如,你安排来访的演讲者给孩子们做讲座。另外,学校例会将会提供与孩子们、家长们和教职工分享你价值观的机会。除了组织和支持活动外,教师的日常行为、态度和行动也有助于培养校风,这包括了你如何与同事交流及如何寻找机会与他们互动。

小贴士:即使你的工作处于一个关键阶段,你也能为学校做贡献,也能和其他年龄组一起工作,如组织课外活动或加入一个现有的课外俱乐部。这能为你提供与其他年龄组一起工作的机会,同时发展你的兴趣和技能。

实践案例——教师标准8a

鲁思(Ruth)

跟校长和其他教师讨论过学校的哲学和校风之后,鲁思阅读了学校使命宣言。她发现支持学校价值观可以通过教师与学生合作、学生与学生合作、教职工之间的合作和教职工与家长的合作展开。鲁思意识到"共同努力"是学校的一条重要价值观,使命宣言是建立与发展个人才能和优势的行为指导。这项工作的目的是帮助儿童和成人认识到他们做得好的地方,并使用相关技能。鲁思曾经练习过普拉提(一种健身操),并取得了资格证。她决定用普拉提的技巧和知识来为她的同事举办课外活动。她与校长讨论她的想法,而校长也支持并鼓励她在学校组织每周一次的普拉提课程。教职工非常乐意参加也非常感激这个课程,因为这能给他们放松玩乐的机会。鲁思能够证明她是如何为学校价值观做出贡献的,并通过她拥有的技巧支持她的同事。她用这些例子证明她能够为校园更广阔的生活做贡献。同时,她也发展了自己的技能:她反思了自己如何支持学校价值观,以展示并利用自己的个人优势。

第八章　履行更广泛的职责

马修（Matthew）

马修在一个非常小的教学点工作，这个教学点由低年级一个班级、中年级一个班级和高年级一个班级组成，一共只有60名孩子。校长鼓励教师抓住介绍创造性教学方法的机会。马修在地理学方面有较好的学科知识，并且喜欢教这门课。他加入了本地地理老师的专业团体。当校长宣布全校将进入主题周时，他表示有兴趣通过关注地域来进一步发展这些想法。马修能够提出新的想法，分享他的专业知识，因为他对教授地理非常自信。他与其他教师一起计划组织了一周全校性活动，并以水为主题。他联系了当地自然组织并安排这个组织的志愿者来学校参观、为学生们演讲。通过组织主题周，马修展现了他对地理的热情和地理专业知识，证明了他为学校做出了积极的贡献。作为证据，他展示了如何鼓励其他教师参与策划活动，并与其他教师合作。此外，马修能够证明他能支持学校的价值观，因为他有发展创造性教学方法的能力，这实现了他在教学上使用创造性方法的承诺。

参照教师标准8a进行实践时，你需要考虑以下几个关键问题：

- 你做了些什么来证明你支持学校的价值观？想想你的行为和行动。
- 你是如何主动支持校风建设的？这有什么影响？
- 你为学校或当地社区做了什么贡献？这也许是通过和其他成年人或者儿童一起合作的。
- 你是如何支持课外活动（比如运动、艺术、特定主题的俱乐部或者有关环境问题的活动）的？
- 你是怎样发挥个人才能和技能（也许在学校操场设置了一块特殊的区域或者为学校提供新的举措）的？
- 你将如何使用你的专业知识？（考虑承担角色的责任或者用计划和资源支持同事）
- 在课间或者午餐时间你做了什么来展示你是一名积极的教职工？
- 你怎么知道你当前所做出的贡献是有效的呢？请基于孩子、家长和学校工作人员的回应来总结。

教师标准8a可能的证据来源：

- 课外活动计划；
- 父母和同事的来信；
- 资深教师的课程观察。

8b：与同事建立良好的职业关系，了解如何及何时采取建议和获得专家支持

所有教师的日常实践都与学校同事的工作息息相关。许多学校工作人员为了支持学生的学习与发展而工作。人员结构将会决定你融入学校的方式。但是学校与学校之间也是有差别的，这取决于学校的规模和类型。对于大多数学校来说，工作人员包括了校长、副校长、校长助理、早期教育协调员、重要阶段协调员、特殊教育需要协调员（SENCo）、学科带头人、课程协调员和班级教师等。这些工作人员不但经验丰富，而且拥有专业领域的专业知识和技能。举个例子，主题协调员负责特殊课程主题的领导与管理，特殊教育需要协调员负责特殊教育需求学生的日常安排。这里也有专门的人员负责学校工作的其他方面，比如安全措施或者健康与安全。有时候，教师将会就孩子们的学习与发展和其他机构合作。这包括了整合专家支持和学习支持团队，比如演讲与语言或者行为支持团队，能够给予学生特殊教育需求、物质需求和学习需求。其他的外部机构包括了教育心理学家、社会工作者和职业治疗师。在更广泛的社区中，专家组将会支持特定的学习者，比如当地幼儿组织（EChO）或者学科教师队伍。你将能够从学校的同事那里了解更多有关当地团体的信息。

你与同事的持续性对话是专业发展实践的一个重要组成部分，这与你参加更正式的会议同样重要。为了达到这条标准的要求，你应该借鉴曾经与特殊教育需要协调员等一起工作的其他学校人员经验，来讨论班级中学困生的进步情况。其他工作人员包括了负责保护儿童的高级人员（DSP）、将英语作为第二语言（EAL）的协调员或者学科协调员。你可以与学科协调员讨论关于资源或者学习活动的计划和想法，也可以与学校分享你关于课程的这个领域的想法。也许你已经在接受课程指导或培训，在这个过程中，你可以与学校的同事分享你进一步的想法。有时候和教育顾问或者专家、治疗专家一起工作，最关键的就是支持学习者的个人需要，比如孩子的演讲和语言、身体或感官发展、行为管理等。

最后，记住助教是非常有价值的同事，因为他们非常了解学校、学生和社区。思考一下你该如何与助教合作，并利用他们的知识和专业技能支持学生的学习。

> 小贴士：想一想你将怎样以你所拥有的特殊的技能和知识来为你的同事提供支持。你的专业领域可能与你在新入职教师的培训课程中进行的部分研究有关。

实践案例——教师标准 8b

安德鲁（Andrew）

安德鲁在低年级班级教学，这个班还包括一个高水平助教（HLTA）作为教学人员的一部分。这个高水平助教已经在学校工作了十年，有教育自闭症儿童的专业资格，并且与特殊教育需求协调员密切合作。安德鲁意识到高水平助教需要掌握关于儿童和学校的大量信息。尽管最初他对助教了解得比自己多而感到有些担心，但是他意识到自己应该借鉴助教对于某些方面的更深的理解。通过询问助教专业领域的问题并发挥她的优势，他快速地与助教建立起了良好的工作关系。这使得安德鲁和高水平助教共同合作以支持班里的自闭症儿童。这包括共同计划适当的学习活动、实施支持班里的自闭症儿童开口说话的策略并且确保他们被完全地纳入课程的各个方面。安德鲁展示了他是如何利用高水平助教的专业知识更专业地和班上患有自闭症的儿童一起学习的。

埃莉诺（Eleanor）

埃莉诺是一名助教，她热衷于发挥在设计和技术课程上的才能，但是她缺乏信心。与她的班主任聊过之后，她发现这所学校与隔壁的学校联系非常紧密，而那所学校中从事设计与技术课程的教师是这个课程领域的专家。埃莉诺与她的班主任组织了一个会议，讨论在这个主题上与高校共同合作的可能性。在会议上，她发表了制作滑轮的计划和想法，其灵感来自儿童书籍《灯塔管理员的午餐》(The Lighthouse keeper's Lunch)。高校能够提供专业的设备让孩子们制作滑轮系统——使用的设备是小学里没有的。然后埃莉诺和中学设计课的教师共同合作，让她有信心教授这门新课程。她也获得了珍贵的设计与技术课程的知识，在使用技术词汇上变得更加得心应手。埃莉诺的经历证明了她如何与中学教师合作，接受所需的专家支持来提升学科知识，并且建立了用创造性方法上这门课的信心。

参照教师标准8b进行实践时，你需要考虑以下几个关键问题：

- 作为学校团队的一员，你如何有效开展工作？
- 你怎么表明你和其他同事一起工作来支持孩子的成长？
- 你怎么知道向谁征求意见？
- 你是如何传递知识给同事的？
- 为了得到关于学生、策略、课程或者孩子的发展的进一步建议，你曾经跟谁聊过？
- 你如何传播帮助学生进步或发展的知识或有用信息？
- 你曾经如何与学校的同事或者外部机构合作以得到专家建议？

教师标准8b可能的证据来源：

- 计划；
- 与同事分享的信息；
- 与同事、家长、专家开会的记录。

8c：有效部署后勤人员

 一个专业团队一起工作并不新鲜。通过实践，你将会与其他成年人一起在教室工作，作为教师，这是工作的重要组成部分。然而，情况并非总是如此，从一个班级一个教师到专业团队共同合作，是随着时间的推移才发生的。尤其是过去的三十年里，政府加大了对教学的控制权，主要是基于提高学业标准的政策考量（Hammersley-Fletcher, 2008）。同时，当重点从社会向私立学校转移，学校和学校教职工变得越来越负责。2003年，"劳动力重塑议程"成为政府提升公共部门服务有效性的一部分计划，也为学校提供了优化人员结构和进行根本性文化转变的机会（Ofsted, 2010）。这个议程围绕着提升标准和处理工作负荷重点，关注成年人的角色变化将会如何为学生带来好处，希望能够拥有一个由共享系统和流程支持的儿童劳动力队伍。这三年的阶段性变化（见表8.1）标志着学校部署工作人员方式演变过程的开始。

表 8.1 阶段性变化（Ofsted，2013）

阶段1——2003年	例行分配24个非教学任务
阶段2——2004年	对缺课教师实行新的限制
阶段3——2005年	保证安排出时间进行专业规划、准备、评估

比起独立的个人，把自己作为系统的一部分的想法，对于在学校高效地合作是必不可缺的。跨专业工作依靠互动学习，为了支持教学工作，需要注意的是当后勤人员与教师在教室并肩工作时发生的变化。一名出色的教师所具备的一个重要特征就是能够有效地管理和部署课堂上的其他成年人（Ofsted，2008）。通过共同愿景，所有成年人可以了解他们在教学工作中的个人角色和共同愿望。辅助人员通常在课堂上与教师一起工作，这通常是助教的工作。重要的是要记住教师和助教的角色是不同的。这些角色必须根据他们在合作与协作中的工作方式来定义，这样可以实现他们共同的目标。辅助人员是学校工作人员中的一个重要群体，并在学校承担许多重要角色。辅助人员主要分为这五种类型：学生支持人员角色，包括负责学生福利的人员，比如午餐时间管理员；技术角色，包括负责各课程辅导的人员，比如信息技术人员、设计与技术人员、音乐专家或者图书馆管理员；行政角色，包括提供日常办公室和金融支持的人员，比如业务员；现场人员角色，包括维护学校环境的人员，比如站点管理员、清洁工；学习支持人员角色，包括与教师紧密合作来支持教学工作的人员，比如助教等。

在课堂上，另一个成年人的存在不会自动地促进儿童的成就。布拉奇福德等人（Blatchford et al.，2012）指出，在部署助教方面，主要关注点之一是他们的教学作用和这一作用的模糊性。作者认为助教并不总是有效地被部署，在发挥作用和履行责任方面还需要进一步明确。如何最大化地实现这些人员的潜在贡献，还需要好好考虑。教师和助教之间的关系对于支持教学和提高成就有着十分重要的意义。为了建立良好的工作关系，教师需要了解助教的作用、兴趣、技能和优点。助教将会有一份职位描述，他们将会承担相应的责任，这关系到他们将获得的评价。作为一名教师，你需要意识到助教的作用。有些高水平助教将会从事整个班级的计划、教学、评估等工作，也会与小组和个人共事。教师的职责是安排助教的工作并明确助教将要完成的任务（Jacques and Hyland，2007）。教师将会考虑他们会和谁一起工作，如何记录观察，如何向教师反馈学生的进步。理想情况下，助教和教师将会事先讨论一下计划，教师应该相信助教会明白他们在课程中的作用的。在上课之前，助教总是能拿到计划的复印本。在课堂上，教师的责任则是思考如何支持助教独立工作，使得行为与学习的期望得以巩固，并确保孩子们接收消息的一致性。这将有助于你们两人作为一个团队一起工作。助教应该参与循环过程的所有方面(见图8.1)。

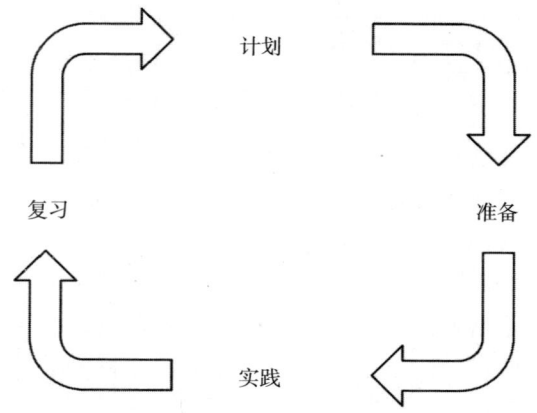

图 8.1 支持课程、教师、学生的良性循环(TDA,2007)

"2020年儿童与青年劳动力战略"(2020 Children and Young People's Workforce Strategy)进一步强调了所有部门明确培训和发展目标的重要性,以及拥有一支高素质专业化团队的必要性(DCSF,2008)。布里格豪斯(Brighouse,2008)意识到持续专业发展(CPD)的重要性,提出当全校教职工作为一个整体和谐相处并一起参与CPD时,标准就会提升。当英国学校总督察克里斯丁·吉尔伯特(Christine Gilbert)就多样化学校劳动力的专业发展和提升标准之间的联系发表评论时,这变得更加可信(Ofsted,2010)。学校间的研究变成了专业发展所公认的一部分。学校工作人员是提升教学标准的核心,并且与家长/监护人紧密联系以确保高标准。教师必须完全致力于专业发展,为自己的学习负责,有效地管理和他们一起工作的员工。

> 小贴士:认识辅助团队中的工作人员。了解和你一起工作的人,包括他们的爱好和兴趣。你们之间的关系就像桥梁:桥梁越坚固,就承载得越多;与大家的关系越牢固,他们也会对你越好。

实践案例——教师标准8c

尼古拉(Nicola)

和尼古拉一起工作的助教经验丰富,非常了解孩子们。尼古拉能够利用助教的知识来策划引起孩子们兴趣的活动。最初的时候,尼古拉很难找到时间与助教一起策划活动,但是跟校长商讨之后,她决定在制订计划、准备与评估(PPA)的时间里,和助教每周开一次会分享策划的想法。这就意味着尼古拉能够把助教的点子融进学习活动里。每周的计划会通过电子邮件发送到助教的信箱里,因此她能够在每周开始时就有一份副本。尼古拉注意到这非常有益于助教充分地备课,也使得助教能够提前思考各种可能使用的资源、将会问孩子们的各种问题,鼓励他们使用高阶思维技巧。通过她的计划,尼古拉展示了她如何管理助教的工作。这包括了在计划中说明谁将与哪一组儿童一起工作。她也展示了她如何让助教及教师与不同的小组合作,使他们能够参与进来,支持班里的所有学生。

维里蒂(Verity)

维里蒂能够证明她是如何部署和尊重作为课堂上宝贵资源的助教的。维里蒂展示了如何有效地部署助教开展形成性评估。她在备课的时候,计划让助教与她在数学课上支持的小组一起使用记录表。她要求助教记录每一个孩子在学习上的进步,这种进步与学习目标挂钩,助教还要记录孩子们的态度和行为。她注意到孩子们的反馈是基于他们的书面作业,以及通过教师与孩子之间的讨论、交流获得的。这些数据对于维里蒂来说非常宝贵,因为这进一步加深了她对孩子们进步的理解。此外,这些数据还为她提供了证据,不仅体现了助教的有效部署,而且证明了他们工作所产生的积极影响。

参照教师标准8c进行实践时,你需要考虑以下几个关键问题:

- 你如何在课堂上管理其他成年人的工作?
- 你如何与助教交流?(什么时候听?什么时候说?)
- 你是否清楚助教这个角色的作用?
- 教师与助教在教学计划中的作用和责任是如何体现的?
- 为了了解助教的技能和长处,你是如何努力的?
- 你如何与助教分享计划?
- 你什么时候与助教讨论如何开展评估和观察?
- 你们有没有讨论过将如何一起工作,并就基本原则达成一致?
- 你们将如何共同努力以确保助教不是总和同一组孩子一起工作?

教师标准8c可能的证据来源:

- 关于助教的团体与个人部署的课程计划;
- 助教的评估与观察记录;
- 体现助教贡献的中期计划。

8d:通过适当的职业发展来改善教学,回应同事的建议和反馈

学习是一个终身的过程,通过这个标准,你将证明如何达到持续专业发展的需要。教师应该是独立的,他们应表现出对改进实践的真正承诺。每个人都有责任确定他们的需求,并寻求机会来满足这些新出现的需求。然而,这并不容易,伊万斯(2014)想出了两个方法帮助教师决定专业发展的需要。这两个方法是:(1)从日常的课堂练习中确定;(2)从你的实践之外(比如政府政策、学校优先权)获取。这个方法有助于你组织关于确定专业需要的想法。

对教师而言,对自己的专业发展负责并做到积极进取非常重要。这依赖于你的反思,并能从你的实践中识别出这些需求是什么。穆恩(Moon,2004)将反思定义为思考已知的事物,然后添加新的知识来理解所反映的内容。如果我们思考一下这个问题,可以想一想你最近的实践经验,并考虑一下可以改进这一课程的内容。为了支持更有能力的学习者或者更好地了解科学评估,也许教师应该了解更

多的策略。用这种方法思考,将会帮助你确定需要提高哪一方面的实践技能。通过反思教学与课堂实践,教师会对他们的成效以及如何进一步提高技能和知识做出判断。考虑影响的方法有许多种,包括坚持写个人学习日志、学生和同事的反馈信息、同事的观察记录。

就像实践的其他方面,认识到你的专业需求并不是要与你的角色和责任剥离。获得更多的知识将会影响你在学校中的角色,当然也会影响学生的成绩。作为一名教师,聆听同事的专业建议,参与更多的专业发展活动是很有必要的。对于那些经验丰富的同事的反馈信息,你更应该珍视它们的价值。与任课教师进行持续性对话,以及与导师和同事的讨论,也将为你提供在该领域进一步发展的机会。

专业发展的来源

教师的发展很大程度上将重点放在进一步阅读、个人研究和与同事的交流上,以丰富他们的知识和提升理解能力。教师有机会参加学校内的工作人员会议和专业发展日活动,以及参加课程研讨或学术会议等外部活动。为了进一步提高教学,其他从业人员的观察记录将会是判断你的教学风格、方法、策略的重要元素,并且这能够提高你的教学技巧。

对反馈做出反应

教学反馈是你进行专业发展的一个良好机会。这将有助于你确定哪些方面发展顺利,以及你的优势和有待发展的领域。在反馈和讨论期间,你将能够参与讨论并对反馈做出回应,承担接下来要做事情的责任,以提高你的实践能力。汉森(2012, p.64)认为:"对你的教学'评估'应该是和你一起完成的,而不是把你排除在外,因此你有责任参与讨论。"

未来愿望

有效的专业发展包括认识你自己的需求并提升你自己。这就意味着要认识你需要做什么来实现目标与抱负。这包括:了解学校或是其他机构的同事,为了发挥作用而参加特定课程,发展新技能,开展校本研究,出席学术会议或参加培训活动,获得专业资格等。你的愿望也许是努力工作成为学校的领导或者管理者,也许是领导一个学科发展或承担关键阶段的教学任务。通过落实有效的评估系统,学校的校长将会支持你满足专业发展的需要。评估提供了一个引导教师发展的框架,从而为所有教师指明了有效履行职责所需的条件。这帮助教师意识到如何改进他们的专业实践,并且发展成为优秀的教师。最终,这将会影响学生所取得的成果。

> 小贴士：你的抱负是什么呢？未来五年或者十年你想走到哪个位置？如果你想成为领导角色，请注重培训，因为这是支持你发展成为领导者所具备的技能。观察学校领导是如何发挥他们的能力的，思考你需要获得什么样的资格和经历才能承担领导角色。

实践案例——教师标准 8d

萨姆 (Sam)

　　萨姆的导师注意到萨姆承担 4 年级的数学课。根据课程的回馈，萨姆反思了他的学科知识。当他教授乘法的时候，他意识到自己需要提升对教学法和数学词汇的理解，于是他积极与学校数学协调员对话，讨论在学校使用的教学法。他遵循导师的安排，随后与数学协调员共同教授数学课程。按照进一步的建议，萨姆查看了在线教学资源，以便在本课程中获取创新活动等想法；他也从书中进一步加强了他对教育法的理解，加强了恰当的数学词汇的使用。他能够为经验丰富的同事提供有证据的反馈建议，而这些反馈会对其他教师提高教学自信和促进学生进步产生影响。

苏 (Sue)

　　苏首次执教是在一所小学的一年级。通过设立个人目标，她意识到现阶段应该进一步提高自己对儿童写作的理解。她的主要任务就是给大一点的孩子上课。她向学校的导师谈了关于观察一些"紧急写作"课程的机会，基于这一安排，她与扫盲协调员进行了交谈，扫盲协调员安排她到学校参观低年级教学。在那里，教师在支持和提高早期写作技巧方面的经验被地方当局认可。集中观察帮助苏在培养初学者方面变得更自信，对自己采取的教学方法有更深的理解。这有助于苏提高对发展阶段的认识，也带给了她一些关于活动的有趣想法，而活动提高了学生早期的写作技巧。后来，她把这些活动的想法用到了课程里，而且她能以此为证据证明她是如何反思及如何改变实践的。在这些活动的影响下，学生的信心得以提升，苏进而想出了更多有趣和多样的方式来吸引他们。

第八章 履行更广泛的职责

 参照教师标准8d进行实践时,你需要考虑以下几个关键问题:

- 你将如何确定发展需求?
- 你会寻求什么机会与同事进行专业对话?
- 你的个人目标是什么?
- 你将如何反思实践?什么时候反思?
- 谁能帮助你确定持续专业发展(CPD)的需要?
- 你如何证明你能对反馈做出积极的反应?
- 为了提高知识水平和技能,你做了什么样的努力?你如何把新的想法融入自己的实践?

教师标准8d可能的证据来源:

- 专业的发展会议;
- 观察反馈;
- 持续专业的发展机会。

8e:就学生的成就和幸福感与家长进行有效的交流

父母在孩子的幸福成长中发挥着至关重要的作用。他们是孩子的启蒙老师,同时也掌握着有关孩子的宝贵信息。家庭与学校之间的联系是学生幸福感的重要基础。这个标准要求教师认识到与家长/监护人建立沟通和联络渠道,对促进和支持学生学习的重要性;鼓励教师去思考如何提供机会让家长/监护人参与其中。一个重要的方面是提供证据,教师需要说明在照顾个别儿童的需要时,如何考虑了家长/监护人的角色。这包括了教师如何使用不同的方法使得家长/监护人参与孩子的学习。比如,要求家长/监护人提供特定的资源,或者就一个主题思考如何分享自己的知识和技能。受训者应当举例说明如何向家长/监护人介绍他们孩子在校的信息,例如学校参观、学校大会、特别活动等信息。教师应该考虑方式方法,让家长/监护人理解孩子的成就及个人发展的需要。你应该考虑要求班里孩子的家长/监护人参加一个特殊的活动,以便于能解释学业能力倾向测验的实施过程。在上学期间,教师有责任和义务在一些具体的方面做出贡献,比如参加家长之夜、提供写作作业的观察记录等。这些正式场合是你能谈论孩子学习进步的重要渠道,还能介绍他们在班里的态度和表现、特别的兴趣或者身体状况。

家长咨询活动

在准备家长/监护人咨询活动时,你可以标记所有事项并进行实时更新,准备好出勤记录和学生成绩,这将有助于活动的顺利进行。有时候你也许会感到不那么自信,因为学生家长难以相处,这时候与校长或者学校高管谈谈是明智的选择,这样他们也会在咨询活动期间尽量走进教室与家长沟通。

书面报告

政府指南指出,英格兰、威尔士和北爱尔兰的教师至少每年为家长提供一份学生报告(ATL,2013)。当你在撰写学生报告的时候,记住要遵循学校的指导。一份优质的学生报告包括相关成就的评价、学生的进步和进一步改善的建议。请记住,区分不太正式的活动与正式的活动。一些家长/监护人可能觉得很难接近教师,或者不愿来教室。开放性的报告有助于教师为家长提供一个交流的渠道,让家长以更轻松的方式谈论各自的小孩,也能邀请教师解决一些小问题,这样就不会升级成为大问题。良好的沟通交流是必不可少的,还有面对面的接触,如果你与家长/监护人建立了一种信任且支持的专业关系,他们更有可能与你分享一些重要的信息,比如对孩子造成影响的家庭环境方面的信息。想想你如何为校园时事通讯、特定主题的小册子或者在线信息、家校合作指导提供建议。

> 小贴士:让家长/监护人充分参与和了解其孩子的教育情况是至关重要的,首先需要确保一个有效的系统来支持良好的沟通。父母需要知道你对他们的孩子感兴趣,并迅速建立起信任关系。通过讨论孩子将会经历的事情和困难,这能够帮助教师和家长找到解决方法,确保问题不会扩大。

实践案例——教师标准8e

凯莉(Kelly)

凯莉执教的六年级班级的家长/监护人都希望尽可能地支持孩子们的学习。凯莉用了几种不同的方式与家长交流。她提出并实践了发送电子邮件更新他们将要在课堂上讨论的话题的想法。凯莉希望家长能够提供关于印度的个人回忆和文物材料,这些是学生在学习遥远地方的地理主题的一部分。令凯莉激动的是,她收到了家长的回应,他们可以提供资源,也可以来学校参加活动日。一名家长能做一些印度料理并且愿意到学校来和班上的同学一起尝试,其结果就是所有家长/监护人都非常乐意支持学生的学习。凯莉也意识到学校政策注重与家长之间的联系,便通过打电话或者使用日常交流本与家长进行沟通。如果合适的话,她还会继续这样做。她把这些例子当作与家长有效交流的证据,同时也能够展现出这些策略的影响。

奥利弗(Oliver)

当奥利弗在小班工作的时候,他经常在上课前后与家长/监护人在操场上交谈。他利用这段时间与家长建立良好的关系,并且与他们分享关于孩子们的信息。他举了一个例子:以前班里有个小孩每天早晨来学校的时候并不高兴。一天清晨,当奥利弗跟家长交谈的时候,这个孩子担心自己一个人进教室,因为他不想离开自己的母亲。奥利弗建议助教每天都在操场上跟这位学生打招呼,然后在去教室之前,和孩子的母亲一起陪他去更衣室,帮他安顿下来。这非常有效。几天之后,这个孩子开始与助教建立信任关系。他能够在助教的陪伴下去教室,而不会担心离开他的妈妈。这个实例不但展示了奥利弗如何处理敏感问题,还说明了奥利弗与家长合作,不仅解决了问题,还使得孩子很愉快。

参照教师标准8e进行实践时,你需要考虑以下几个关键问题:

- 应该用什么交流方法使父母/监护人了解学生的需求?
- 你如何知道那个方法是有效的?
- 通过分享你对学生学习和发展的观察报告,你有机会参加家长之夜或者制作学生报告吗?
- 你建立或者维护的家校关系是什么样的?
- 你注意到学校政策中关于家长的作用了吗?
- 家长和你所在学校的同事组织了什么活动吗?
- 你有没有把关于这个学期主题的任何信息寄回家?
- 你如何鼓励家长/监护人为他们孩子的作业提供支持?

教师标准8e可能的证据来源:

- 家校联络机会;
- 家长咨询活动;
- 通信与信息表。

本章小结

作为一名教师、作为团队的一部分、作为全校的一员,你承担着个人责任。其主要的职责是清晰地认识到学校在当地社区中所扮演的角色。思考谁参与了,以及你又如何更充分地参与其中,这样做将会让你理解教师在促进学校生活方面所采取的不同方式,也会让你理解这是如何支持教职工、学生、家长、管理人员、社区人员之间的合作关系的。通过教职工、学生、家长之间的互动,你将能够看到学校的价值观和使命得到落实。这有助于你明确作为学校教职工所做的贡献,以及你在长期和短期活动中所处的位置。你不仅要注意个人工作方式,还要注意作为团队的一部分,你如何表现出你珍视同事们的贡献。当你考虑你的专业发展需要时,想一想如何实现日常工作与长期目标之间的平衡。最后,请你试着尽最大的努力在学校生活中与家长建立积极的工作关系。在制订孩子的教育策略的时候,请将父母纳入考虑范围之内,这将有助于他们感受到父母在孩子学习中的价值。

第九章
个人行为和职业行为

教师标准第二部分

　　人们总是希望教师可以一直保持着对个人行为和职业行为的高标准。以下内容对教师的行为态度进行了定义,这为教师的职业生涯规定了所需要的行为标准。

　　不管是在校内还是校外,教师需维护公众对教师职业的信任,坚守伦理和行为的高标准,并通过以下方式展现:

- 尊重学生,建立相互尊重的师生关系,在任何时候教师的行为都要合乎教师职业标准。
- 根据法律条文的规定,确保学生的健康。
- 尊重他人的合法权利。
- 不诋毁英国的基本价值观,包括民主、法律法规、个人自由和相互尊重,以及对不同信念、信仰的包容。
- 确保个人信念不是通过利用学生弱点或者导致他们触犯法律等方式实现的。

　　教师必须适当地以专业化视角去关注其任教学校的校风、政策以及实践;保持较高的出勤率和准时率。

　　教师必须理解并始终在专业职责的法定框架内行事。

来源:教师标准(DfE,2013a)

2012年4月起,国家教学与领导学院(National College for Teaching and Leadership,NCTL)面对严重不当行为引发的事件时,已经能够不受教师工作背景的影响直接运用第二部分教师标准对其不当行为进行处理(DfE,2014b)。

这是什么

第二部分涉及一个整体的教师标准,其重点关注教师如何在个人生活和职业生活中进行自我引导。教师标准第二部分是所有其他教师标准中不可或缺的一部分,它不应该被分离看待,或是被认为与其他教师标准毫无联系。第二部分的基础就是以人际关系和树立榜样为中心,其中涉及关于优秀教师的个人价值观和信仰,包括考虑儿童的安全保护、安全措施问题,并要求符合法定政策,确保教师按照期望行事,使他们能够遵守法律。教师通过与同事、学生家长以及学生之间建立相互尊重的人际关系,从而展现他们是如何以专业态度行事并坚持政策的。英国价值观可以作为一个重要主题,然后探讨这些价值观是如何从个人信念转化为学校背景下的理解和实践的。

如何体现

教师可通过日常实践展现出他们是如何持续坚持学校政策,进而达到教师标准第二部分要求的。观察者可通过观察实践,即观察教师的互动方式、与他人交谈以及创造的课堂氛围,了解教师的价值观是如何展现出来的。教师在课堂、学校以及在更广泛的社区中处理人际关系的方式表明,实践与政策之间存在清晰的融合性。教师的出勤率、参加会议的准时性、为学校活动所做的贡献以及备课情况,都可以作为证据表明教师是否满足教师标准第二部分的要求。根据学校政策规定,教师可通过他们的日常行为、为同事所提供的支持、为父母所提供的建议,当然,还有照顾学生的方式展现出他们到底有多专业。而教师实践也可为学校政策的执行情况提供强有力的证据,例如教师是如何处理教室里的以下情况的:

- 健康和安全问题;
- 全校行为管理政策;
- 风险评估;
- 保持网络在线安全;
- 安全措施;

- 包容；
- 公平的机会。

章节概述

本章中，我们将首先思考成为一名专业人士意味着什么，以及如何理解专业化；接着，我们将探索作为一名教育专业人士意味着什么。我们超越单纯的术语定义，旨在鼓励教师能够通过认识自我信念，从而思考自己到底想成为哪一类型的教师。教育世界在不断变化，因此公众对于教师应该如何行事以及怎样展现自我的有关思想将持续占据重要地位。然而教师职业与其他行业并不是分离的，坎宁安（Cunningham，2008）指出，跨学科工作可能会造成远超教育范围的其他专业性问题。基于此，教师会承担更大的责任，他们会意识到成为一名教师的同时又成为其他领域的专业人士，如心理学或健康学，一些挑战将会接踵而至。在考虑把教学作为一种职业的基础上，本章将继续关注教师薪资和现行条件状况，借鉴当前法律（University of Bristol，2014）来概述法定框架，并重点关注教育学专业人员的责任和义务，包括安全措施、平等和包容、学生安全和幸福等。

每一所学校都存在自我身份定位，当你在学校散步时你会感受到这一点；在学校的使命宣言中、在工作人员和学生的互动过程中也都有所体现。所有这些都促成了学校独特的自我风格，然而学校的特性在每个教师眼中都不尽相同，它取决于每个教师的自我价值观和信念。尽管如此，学校所有教职工都将为学校共同愿景而努力奋斗。接下来，我们将讨论学校中个人价值观和信念以及集体共同价值观和信念的重要性，且教师应该在广泛关注教育价值的背景下去考虑信仰的发展，包括对于英国信仰和价值观的理解。

分述再总结

教师标准第二部分可分解为三个层面：国家、学校和个人（见图9.1）。在国家层面，教师生活在公众视野下，他们有责任维护公众信任并建立职业自信，包括感知教师形象、认同教师专业职责。在学校层面上，教师需遵循相关政策和法定职业要求，需遵守工作场所政策和法律法规。这一层面上的教师标准还涉及教师如何在实践中传达政策。在个人层面，教师必须思考如何利用自我教育价值观和信念来帮助学校形成良好风气，从而让自己不会成为一名压榨利用学生的教师。

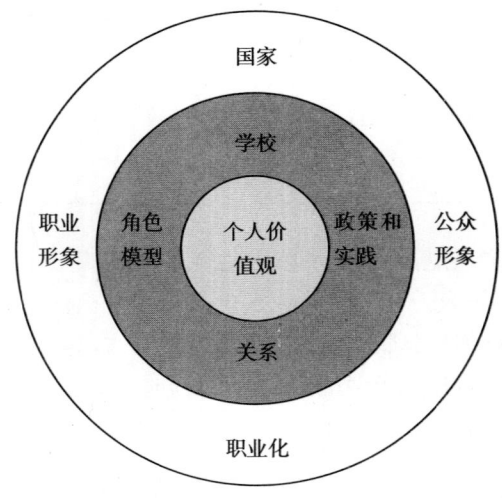

图9.1 职业化背景

为了论证第二部分的内容,我们需着眼于它与其他教师标准之间的联系。我们将从第二部分中分离出不同的主题,然后对这些主题如何适用于课堂实践进行探索。例如,在行为管理过程中,如何能够发现关于相互尊重的观点;在备课和教学过程中,如何发现对其他信仰的包容。同时,我们也将深入探讨教师如何利用课堂和学校中的日常实践来证明这一标准。为了开始这一旅程,我们还将探究专业人士的内涵,从而鼓励教师在个人和职业层面上更深入地看待这一点。

更广阔的情境:专业化

关于专业化的理解还未达成共识(Eraut,1994;Sachs,2003;Evans,2011),且这一点一直都是辩论的根源:事实上,对专业化含义的理解缺乏共识已是公认的(Evans,2011,p.854)。目前那些关于教师专业化的定义通常也是基于历史的意识形态假设所得到的。然而克鲁克(Crook,2008,p.23)提出,历史观点的运用将会证实专业化其实是一种人为构造,它的定义总是日新月异且备受争议。克鲁克的这一观点明确了专业化是一个复杂的过程且具有时间特异性。人们辩论的一个点就是对社会文化层面的认识,这一点为重新鉴定职业认同提供了背景。戴维(Davey,2013,p.163)解释说:"这种身份并不是让我们与工作生活中不同的交往群体分离开来。"

伊万斯(2011)用"强制性专业化"(enacted professionalism)这一术语来描述职业化含义:"强制性专业化的意思就是通过实践者所处的机构来不断动态完善专业精神。"(p.863)

第九章 个人行为和职业行为

萨克斯(Sachs,2003)提出了进一步主张,这一主张确定了专业化与变化应对之间的关系。这一主张表明,作为专业人士,我们有机会对这一变化做出决定。威尔金斯(Wilkins,2013)指出,在过去,正是由于政府下达的指令很少,我们可能更容易塑造职业精神:"以前很多职业以这种方式建立了他们自己的职业结构和身份认同,且那时候的政府人员也很少干预职业规章条例"(p.11)。

然而恰恰相反的是,专业协会虽作为一个专业的组织机构,它却有着被历届政府持续控制的历史。厄劳特(Eraut,1994,p.3)声称:"一些教学机构在建立独特的知识库方面存在一定的困难,因此受到了政府更多的控制。"厄劳特(1994)也意识到,与其他理想职业相比,教师所拥有的权利更少。

例如,有法律指出教学已经被形容为半职业(semi-profession)。半职业这一术语是随着公共部门和教育事业的发展而产生的,这一类职业并没有展现出正规职业特点,比如它不同于那些处于严格职业道德规范下的从业者,或是通过专业主体控制的医学类培训。米勒森(Millerson,1964)对职业特性进行了定义,他意识到一些职业具有现实性特点,而另一些似乎具有限制性。米勒森(1964)总结出,在这些特点中,以下特点非常重要:理论知识、培训和教育、考试合格、行为准则、为公众利益服务以及职业具有组织性。(p.4)

尽管这些特征的描述可能对你理解专业内涵有所裨益,但这些描述也会让你感到模棱两可、含混不清。厄劳特(1997)发现了这一点,并提出了以下观点:有关职业特性的定义并没有使职业化的描述更为容易;相反,它凸显出"其他职业争相效仿强大职业"的特点(p.1)。瓦特(Watt,2014)在论讨中指出,工党影子内阁教育部长(Labour Shadow Education Secretary)崔斯特瑞姆·亨特(Tristram Hunt)进一步提出了关于"提高教学行业标准"的想法。该议程旨在表明教师都是被正式授予资格的,而这一议程将会置教师专业化认同于更有利的位置。

这是一个有关肯定教师重要性以及促进教学专业发展的议程。就像律师和医生那样,教师应该拥有同样的职业立场,这就意味着他们应再次获得专业许可,继续进行专业发展,并尽其所能做到最好。(Watt,2014)

2012年9月,新的教师标准设定了教师行为和教师实践的基线,正式承认了为教育专业人员所设定的行为准则,且这些行为准则具有了统一形式。伊万斯(2011)进一步指出,教师标准就是教师集体代表政府所实践的专业精神,并希望教师表现出来。(p.854)

目前,政府重视教师教学能力的培养,且新入职教师培训(Initial Teacher Training,ITT)也开始以校本培训为主。布兰福德(Blandford,2013)表示,之所以会产生这样的结果,源于政治领导人认识到新入职教师培训是满足社会需求和经济发展的基础。桑德斯(Saunders,2013)对此表示赞同:"所谓的新专业化的合理之处就在于使英国在全球竞争中更具有经济竞争力。"(p.13)

当前政府提出的进一步驱动策略就是鼓励所有新入职教师攻读硕士学位(DfE,2011)。杰克逊(Jackson,2013)指出,获得硕士学历对教学的专业化发展是不可或缺的,因为它能够鼓励教师进行反思,并要求教师不要做一个对课程知识进行简单复制的技术人员。

一个更深层次的专业化概念被提出来了,这一概念明确指出理论和实践是共存的,其中博学(Etzioni,1969)和专长(Schön,1983)是作为一名教育专业人员的标志。舍恩(Schön,1983)认为,所谓的专长就是具有专家型知识,且能够运用那些知识来解决问题,包括整合话语实践的方式、整合有关专业化理解的讨论,认识到历史和社会背景已影响到教育政策及对教育工作者的专业性理解。

教学作为一门职业

教师面临着很多挑战,包括政府政策、学校结构以及公众对教师专业化教学的影响(Eraut,1997;Evans,2011;Jackson,2013)。你应该做的就是增强自我身份认同感,从而在一定程度上回应外部压力;你的目标则在于能够在教育学和哲学的教学方面产生巨大影响。佩蒂(Petty,2009)运用一份自我分析的问卷调查来帮助教师评价他们自己的教学方式。这份问卷调查向读者展现了教师所偏爱的教学风格概况,且大体上是把教师当作推动者或指导者。在教师作为推动者的过程中,学生将受到控制;在教师作为指导者的过程中,教师将受到控制。而你是否相信无论教师还是学生都拥有学习的权利呢?其实对于很多教师而言,当教学在课堂中达成一致时,以上所谓的控制很可能就表现为一种指导和促进的结合。巴克勒(Buckler)和卡斯尔(Castle)(2014)把指导者模型和教师中心联系起来,其中学习被看作被动的。反之,他们则建议,以学习者为中心支持使用建构主义的方式来进行主动学习。你在这个统一体上所处的位置依赖于你的观点,同时也依赖于你所处的工作环境。

所有优秀教师的共同点是:具备反思能力,承担专业发展义务,树立终身学习榜样。你认为你最适合居于什么样的位置呢?你从事第二职业了吗?麦克马洪等人(McMahon et al.,2011)将教师发展与学校改善相联系,其中教师的教学技能和知识与更广阔的环境之间存在一定联系。然而,作为一名教师,他必须意识到自己尚需改进之处并采取行动弥补知识和技能之间的差距,以便肩负起自己的专业发展责任。教师可采取以下方式来完成上述行为:和同事进行专业化讨论、参与外部课程学习、个人专业阅读、参加在校培训会议、获得职业资格,或是在课堂中完成实验研究等。尽管以上方式并不是一个详尽的行动清单,但它所要表达的观点就是教师需要获得所有权,并推动他们进行自我专业发展,而不是将专业发展强加在教师身上。伊万斯(2014)概述了教师专业发展所具有的价值,并把教师专业发展和成为一名反思性实践者联系起来:"因为践行反思性实践的目的就在于改善教师的教学表现,而自我批判的性格则有助于教师进行反思。"(p.144)对教师而言,有效的专业发展机会包括认识到政策理论和实践之间的差异,而这需要教师携手共同努力(McMahon et al., 2011)。教师通过调查、阅读文献以及实验研究等方式采取一定行动,从而批判性地反思个人价值观和职业价值观、过往经验和教育实践(同上,p.81)。教师标准第八条清楚地说明了教师专业发展的重要性,其中要求教师能够与时俱进,能够拥有最新的知识和技能,能够进行自我批判。优秀教师往往明白,在他们的整个职业生涯中,其专业发展从未间断,因为专业发展问题显然没有快速解决的方法或一次性解决方案。而实践中的潮起潮落能够丰富教师的知识体系,锻炼其运用知识的能力以及显现出其他需求。教学专业存在一种螺旋效应,即教师从不停止学习,并承认终身学习的重要性,同时也承诺进行终身学习。

学校环境:尽责的教学工作

目前为止,我们已试图去定义作为一名教育专业人士到底意味着什么,并确定应如何理解它。作为一名教育专业人士,教师改变了学生的生活,当你去思考作为教师所应具有的素质时,你将能够回忆起那些在你儿时和成人学习期对你进行鼓励的教师们。很多文学作品都会讲述如何成为一名优秀教师,或是如何事业有成(Castle and Buckler, 2009; Loughran, 2010; Barton, 2015; Rubie-Davies, 2015)。门特(Menter, 2010)确定了以下四种教师观念模型:

• 优秀型教师:标准和能力。这一类型的教师具有一定的政治立场,且它扎根于测试制度和责任制度之中。2012年9月(DfE, 2013a)颁布的新教师标准设定了教师行为和教师实践的基线,正式承认了体现教育专业人员统一要求的行为准则。伊万斯(2011)进一步指出,教师标准集中表现出了一种专业精神,而这正是政府希望教师能够表现出来的(p.854)。

• 反思型教师:门特(2010)认为,反思型教师思想源于约翰·杜威(John Dewey)的观点,杜威认为教师在他们的专业工作中能够成为积极的决策制定者(p.22)。基于个人价值观,唐纳德·舍恩(Donald Schön, 1983)承认实践者在专业发展的贡献方面所做的工作同样具有影响力。

• 探究型教师:在实践中,显然教师总是参与到调查和研究当中,譬如基于学校实践的行动研究等。

● 变革型教师:反思和调查是这一类型教师最明显的特点。教师通过让学生适应社会变化的方式,从而体现教师为促进社会变革所做出的努力。基于这一立场,教师标准承认教师价值观和教育系统之间可能存在着矛盾,而矛盾是实现更公正教育体系的一部分。在这个体系中,社会的不平等问题终会得到解决,反过来也能促使社会进行不断变革(Menter,2010,p.25)。

你可以确定适合你特征的教育范式模型,这些模型具有代表性,但"并不一定就是截然相反的"(Menter, 2010, p.24)。然而当你处于不同模型范围内时,你会发现这些模型其实是一个连续统一体。例如,为了专业发展,你需要进行反思实践,同时也要认识到改革的需要,而这样做的目的则在于支持孩子能够应对社会变化并为之做出贡献。

教师的职责之一就是忠于自己的教育愿景,同时坚持并维护学校的价值观。当他们通过日常实践来展现他们对于教师标准的理解时,一定要做到真诚。

政策和实践

教师专业职责是根据法律法规和指导性文件设定的。一个教师需要了解与职业行为和服务条件相关的法律框架和法案(Jacques and Hyland, 2010)。相关法律包括最新的《学校教师工资条件法》(School Teachers' Pay)以及非法定性指导(Conditions statutory)(DfE, 2014e),且这些法案每年都会进行更新。2011年《学校教育法案》(the Education Act 2011 and Schools)就是对学校和当地权威者的法定指导(DfE, 2014e)。教师将会肯定政策的权威地位并在专业实践中大力拥护这些政策。教师有权利且应该将同事支持、教师工会、政府和教学网站作为有效信息的来源途径。《布里斯托尔指南》(the Bristol Guide)(University of Bristol, 2014)是一本非常珍贵的书,它恰当地概述了教师的法定责任。而你需重点关注的领域就是平等和包容、学生保护、学生安全和幸福,这些对于你熟悉并自信地处理教学实践方面的问题至关重要。

平等和包容

平等和包容包含了对特定学生族群的认识,他们可能会被按照性别、社会等级、素养或种族进行身份划分(Petty, 2009)。而对法律的认识则包括2010年《平等法案》(Equality Act 2010),理解这些法案将有助于教师开展实践,包括为班上不同类型的学生制订计划,根据教师所采取的策略让学生的学习变得更容易(Petty, 2009)。罗宾逊等人(2015)也为包容性教学提出了非常有意义的参考意见。

儿童保护

对所有教师而言，儿童保护是教学实践中不可或缺的一个关键部分，也是一个优先注意事项。学生保护包括了以下内容：坚持对学生进行最新的安全措施培训。政府相关的指导性文件也强调了安全措施培训至少每三年就应该进行一次，且对教师而言，不断更新他们的法律知识和指导策略本就是对他们的法定要求。除此之外，政府还鼓励教师在学生出现安全和福利方面的问题时能够及时采取相应行动（DE，2014g）。教师应察觉到学生被虐待的迹象，包括被忽略、身体虐待、情感虐待以及性虐待等。一些专业组织是值得交往的，如国家防止虐待儿童协会（National Society for the Prevention of Cruelty to Children，NSPCC），因为在与他们的接触中我们可获得深层次的指导和信息，或是在一些典型的安全措施问题上获得最新的支持。当然，教师也可通过英国政府官网获得有效的指导意见；每个学校将会制订儿童保护政策，并安排指定人员（Designated Person）专门负责处理有关儿童保护的问题。另外，每个成人都有责任去阅读儿童保护政策，了解学校中负责儿童安全保护的指定人员是谁，知道在涉嫌虐待儿童的案件中应该采取哪些措施。

儿童安全和幸福感

2004年《儿童法案》（The Children Act 2004）规定了学校的法律责任，并对教师有所启示。这部法案解释了应怎样保障儿童安全。教师往往被视为类似父母的角色，并像所有疼爱孩子的父母一样对这些儿童负责。由于照顾孩子已成为教师职责的一部分，因此教师必须去了解一些问题，如校园欺凌和网络欺凌，这些问题是十分严重的，教师不能把这些严重问题仅仅视为普通小事进行处理（Jaques and Hyland，2010）。对教师而言，熟悉学校关于欺凌方面的相关政策和纪律准则是十分必要的。教师也应该意识到为保障儿童安全所采取的其他措施，如强化药品、健康、安全保护意识等，这些不仅与儿童的安全健康相关，也与教师自己的安全健康紧密相关（1974年《工作场所健康与安全法案》，the Health and Safety at Work Act 1974）。学校也将会指派一名专业人员全权负责学生的健康安全问题。除此之外，教师还需关注的其他重要领域就是风险评估和学校远足旅行（University of Bristol，2014）。教师通常会对课程的某一特定领域进行风险评估，而这是可以顺利进行预测的，因为教师具备儿童方面的专业知识，但是他们必须确保在风险评估的原则方面得到了适当的支持和培训。各个学校都将会出台相关政策并指派专业人员全权负责这方面事宜。除了要知道学校中谁对儿童安全负有责任外，教师个人也有责任去了解如何获得别人的支持，并在需要的时候向同事寻求专业支持。

我们已经指出了国家以及地方学校背景下教师标准的重要性，现在，我们将聚焦于个人层面来说明教师如何达到第二部分教师标准的要求。

个人层面:价值观和信仰

教师决定走进教学殿堂是因为他们重视教育,且坚信每一个孩子都拥有受教育的权利。然而这其实是非常复杂的,教师的价值观将会影响孩子的受教育情况,因为教师的个人价值观在他们的教学实践中无处不在,教师塑造学生的方式反过来也会使学生对他们所处的环境做出反应(Ewans,2014)。对于学习的组织和教室的布置,将会进一步反映出教师在教学方面的思想和认识。对教师而言,要保证个人价值观不强加于学生身上是很难的,可以说是一个挑战。教师必须牢记学生应拥有属于他们自己的世界观和教育观。有时,学生与教师之间的价值观存在一定的差异,例如学生可能以家庭准则为基础建立起了他们自己的价值观,而这些家庭准则与学校的一些行为规范存在一定差异。对于教师而言,这可能就是一个挑战,因为教师在接受学生观点的同时还要支持他们坚持自己的想法,然后鼓励他们对自己的观点进行质疑,最终帮助他们形成他们自己的世界观(Taylor and Woolley,2013)。教师必须学会承认并接受这样一个事实:无论是成人还是儿童都可能会对教师持有不同的看法。相关政策和法定框架中对教育应该拥有什么样的价值观和信念进行了明确的说明。这些政策是有所裨益的,学校已将这些政策纳入考虑范围之内,并在国家课程(National Curriculum)(DfEE,1999)中列出了一系列价值观。尽管不是由全国教育和社区价值论坛(National Forum for Values in Education and the Community)商定的一份详尽清单,但它表明了如果教师和学校遵循这些原则的话,就会获得公众支持:

学校和教师应该对这些价值观充满信心,因为这些价值观是社会普遍认可的。因此,如果教师教学和学校校风是以这些价值观为基础的话,他们便可期望得到社会的支持和鼓励。(DEE,1999,p.147)

这些价值观在以下四个关键领域得以确立。

1.自我:我们把自己视为一个独特的人,一个在灵魂、道德、智慧以及身体方面都不断生长发育的人。

2.人际关系:我们看重的是他人本身,不仅仅是因为他们拥有什么或是他们能够为我们做些什么。我们珍视人际关系,认为它是他人以及我们自身得到发展和满足的基础,也是建立良好社区的基础。

3.社会:我们重视真理、自由、正义、人类权利、法律角色以及为公益所做出的共同努力。尤其是我们把家人视为爱的源泉,我们会为所有的家庭成员提供支持,而我们在家庭中所学会的爱将是社会中人们能够互相关爱的基础。

4.环境:我们把自然环境以及人造环境都视作人类生活的基础,也作为奇迹和灵感的来源。

当你去思考DEE(1999)所提出的价值观时,你将有能力评估价值观的基本原理,并了解它们是如何将教育和社会联系起来的。教师责任重大,他们将受到政府机构的严格审查;教师需要对学生家长、教育事业以及政府人员负责,需要履行照顾其所教学生的义务。

勒梅塔斯(Le Métais)(引自Arthur and Cremin,2004)详述了价值观是如何被用作信念来定义学校课堂组织的,反过来它又如何能在课程、教学、设定内的评估程序中凸显出来。与此同时,伍利(Wolley,2010)对我们思考教育的方式进行了温馨提示,并指出教师需要反思他们自己的价值观,这样教师在学习者中产生的公平性和接受度才能得以说明和塑造(p.21)。我们所持有的价值观将会影响我们的哲学认知。你如何在课堂组织、课程教学方法和策略上做出决定?这些都将根据你的核心价值观和信仰,以及你个人的观点来进行选择。卡尔(Carr,2006)确定了原则性态度,在这种情况下,教师重视那些根深蒂固的价值观,而这些价值观在一个人的性格中是很明显的。

教师的价值观和信念可支撑其实践,这在可观察的特性中是能够得以体现的,如教师的情感、行为及教师实践产生的结果或影响(见图9.2)。当我们考虑这一工作模型时,可从独立性的价值方面去剖析这一思想。一个强调并支持孩子成为独立学习者的教师也必将重视一系列赋权感,包括给予孩子进行自我决定和自我选择的机会,并在这期间重塑他们的自信心。而这样做的结果可能会增强学生的自尊感,使每一个学生都能感觉到他们的努力得到了珍视和尊重。这种赋权感所获得的信任感也有助于他们更少地依赖他人。课堂上,教师表现出来的这一行为将会在鼓励学生进行自我选择的过程中得以体现;教师可能会用一些选择性的语言作为行为管理策略,从而使学生能够从两种选择中做出自己的决定。教师也可赋予孩子学习自主权,比如让他们负责自行登记、寻找资源以及自行评估。这在实践中其实每天都可以看到,因为教师鼓励孩子提问,并采取以调查性和探究性为基础的教学方式和学习策略。同时,感觉、行为和这些策略的影响或后果之间有着千丝万缕的联系。想象一下,在一个教师重视包容、学生声音、合作学习、学习的真实情境以及户外学习的课堂中,将这一模型运用于课堂实践将会是什么样子的,请列举几样加以说明。在建立这一工作模型时,教师应该为课堂氛围承担责任,而这取决于教师对其所确立的价值观的重视程度。这个工作模型也相当于表明了教师拥有实践自主权,但事实上,教师的这一自主权与社会、政府以及学校政策中所规定的价值观具有千丝万缕的联系。

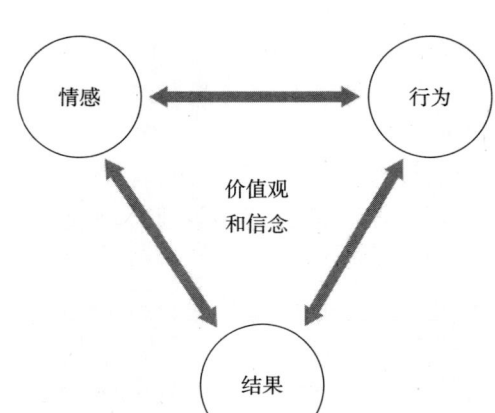

图9.2　价值观和信念

对教师来说,时刻牢记当初进入教育教学领域的初心是很有必要的。通过思考你成为教师的动机,你将会确定你的个人价值观,因而花一些时间来反思你的动机是很有必要的。而动机有可能是想要改变他人生活,或为提高学生成就做出贡献,从而使每个学生都能发挥自己的潜能。教师影响着学习者的生活,并在照顾学生方面有所作为。

当前我们遇到了一个难点,也是一个停滞点,即基于你所持有的价值观,反思你是如何意识到自己想成为哪一类型的教师的。成功的教师能够理解他们行为的重要性和所产生的影响。这在课堂上是什么样的呢?在你的实践中又是什么样的呢?对教师而言,对一些重要提示和实践案例进行思考,将有助于他们反思自身实践;而反思经验和教训,将有助于确定下一步的学习和发展。既然你想在世界教育之林中能够与众不同(Robinson et al., 2013),那么,请思考你的个人发展与自身成长跟内在动机是联系在一起的吗?(Dinham and Scott, 1998, 2000)教师管理教学和学习的方式将取决于当前的工作环境、知识技能以及他们所固有的价值观这三个方面。佩迪(Petty, 2009)指出,"价值观是一个重要的推动者,通常决定了你的策略、战术以及最终的行为"(p.507)。

教师标准强调职业责任和质量保证能力。教师除了运用这一标准来支持外部立法外,他们也有机会去反思准则、价值观以及专业发展需要,有机会去思考自己如何运用这些标准,以及这些标准在实践运用中是什么样的。通过近距离观察你所持有的价值观,你可以开始去探寻它们与教师标准第二部分中所阐释的英国价值观之间的联系。

英国价值观

2014年6月,当时的教育部长迈克·戈夫(Michael Gove)指出,从2014年9月开始,学校有义务促进英国价值观的发展。2014年《教育条例》(The Education Regulations 2014)所提出的新的社会标准、道德标准、精神标准以及文化标准(SMSC)于2014年9月29日正式生效(DfE,2014h)。

教师标准第二部分表明教师可通过以下方式维持公众信任:不贬损基本的英国价值观,包括民主、法律法规、个人自由、相互尊重以及对不同信念和价值观的包容。

政府确立了英国价值观的内涵,并在以上陈述中对这些主题进行了明确的概述。通过对英国价值观的强调,学校能够证明它们是如何达到2002年《教育法案》(Education Act 2002)第78条中所规定的道德标准、社会标准、精神标准以及文化标准的(DfE,2014h)。在学校内,教师在英国价值观的内容方面达成共识,以确保在促进这些价值观方面有更广泛的实践意识。对于很多学校而言,对价值观的思考并不是什么新鲜事,它们已经开始支持儿童在社区与他人进行通力合作。学校的价值观将体现在学校的管理方式中,如校风和学校使命宣言。学校和社区的权利和义务会在学校政策中得以确立,如校规、班规。

英国学校课程只是一种媒介,通过这一媒介,教师可获得英国价值观,包括民主、个人自由、相互尊重以及对不同信念、信仰的包容。而通过实践,教师可以积极推广这些价值观,可以通过挑战在校儿童或成人所持有的、与英国基本价值观有冲突的一些价值观来进行(DfE,2014h)。教师标准表明教师应维持公众对教师职业的信任,并在学校内外保持高标准的道德规范和行为规范。它还涉及增强英国价值观。而正是为了促进这些价值观的建立,我们有必要将思想置于一个与社会、社区相联系的更广泛的背景中。

政府导向的意识形态推动了该方案的形成,该方案承认一些社区可能出现的紧张局势,要求通过教育努力来凝聚教育共识,并制定和推广一系列价值观以支持和谐多元社会的发展(Ewans,2014,p.162)。库珀意识到一些教师可能对这种政治立场感到不安,因为这种政治立场源于反恐怖主义,它也是由内政部防止反恐怖战略(Home Office Prevent strategy for counter terrorism)而产生的(Elton-Chalcraft et al.,2013,引自Cooper,2014,p.249)。他认为一些教师可能对伊斯兰教存在偏见或者误解。这进一步说明,确定对英国基本价值观的共同理解是一个多么复杂的问题。教师需要有足够的能力去思考他们自己的价值观是什么,然后根据法律改革实践。第二部分所阐述的价值观,当然无论其种族和宗教如何,都是所有社区的核心。

教育价值观:通过实践证明

价值观扎根于教师的日常实践中,体现在他们与家长、同事以及学生的互动中,且在学校政策中也是显而易见的。各个学校之间是存在差异的,且各所学校的环境特征正是由学校的价值观决定的。尽管教师标准第二部分并没有要求教师去佐证这些价值观,但你仍有必要去了解这些价值观在实践中是如何表现的,在学校你与同事之间又是如何在这些价值观方面产生共鸣的。为了达到这一目标,我们会严格审阅学校课程、课堂实践以及教师教学策略。一些学校采用以价值观为基础的教育模式,而这些价值观的关注焦点就在于教会儿童在校内外环境中学习、表现自己以及尊重彼此。教师和学生可在他们日常实践中塑造价值观念,且这一行为会被规划到课程之中。学校会以不同的方式来强调儿童难以理解价值观这一问题。一些学校甚至包括一些全校政策都强调价值观教育,并把它作为学校内每个班级中不可或缺的一部分;其他学校则通过任务宣言使其价值观得以凸显。每所学校将通过日常规则和日常工作来证明其价值观,这种影响将在成人和儿童的日常实践中得以体现。学校愿意倾听学生在价值观教育方面的意见,在学校委员会这样的机构中,同龄人选出学生代表进入学校委员会,然后代表其他同学进行发言,从而使学生都能参与决策。

一些具体要素的重要性得以强调,比如以下要素。

- 教与学:做好学习准备;准备充分以及拥有适当的学习设备;准时并保证良好的出勤率;成为学校的积极成员。
- 财物:保管好自身的财物,保持整洁并把它们正确归位;爱护他人财物;不属于自己的东西不要碰;保持教室内外环境整洁。
- 学校资源:用完东西放回原处;爱护学校设备。
- 行为:尊重他人,体贴他人;对欺凌持零容忍态度;管理好自身情绪情感;乐于助人;礼貌待人;全力以赴。
- 环境:不乱扔垃圾;不践踏草坪,不使用泥泞的草地;爱护学校的不同区域,如食堂、教室、操场和实验室。

问题是你为什么要选择某个特定学校进行教学呢?为什么是那个学校而不是其他学校呢?你与学校之间的联系将取决于你的个人价值观和信念,你将会感受到与之相关的学校精神和个性,这会让你感到舒适。正是在这种背景下,你可以通过自我行为、说话方式以及与其他成人和儿童之间的关系,在计划和教学中努力实现学校目标和愿景,并以这种方式向大众展现出一个专业人士的形象。

课堂实践中的价值观是怎样的

价值观是课堂环境中的一个组成部分,它鼓励孩子去认识和理解如何成为一名学校社区中的积极成员,并参与课堂学习和实践。表9.1列出了价值观的一些观点,可能会存在遗漏,不要把这一表格看作详尽的清单。

表9.1 重要价值观概况

尊重	勇气	欣赏	合作
公平	责任	宽容	诚实
友谊	协作	民主	信任
关心	幸福	果断	耐心

价值观往往鼓励孩子热爱学习,要求他们在学习过程中成为主动学习者而不是被动接受者,也要求他们在尊重自己的同时尊重他人。虽然所有的课程都可以教授价值观,且在讨论、辩论、观点发表以及做决定等机会中展示价值观,甚至渗透到学校生活的方方面面,但是教学策略和活动的运用使教师能够有机会去阐明、探究他人价值观的内容和地位。也正是在这一背景下,学生可以在一个安全的环境中相互倾听、互相交流。而教师扮演促进者这一角色是非常重要的,他可以树立积极的榜样。以下案例研究都是日常实践中非常具有代表性的例子,我们会从中有所发现。

本(Ben):二年级教师

本支持班级里的孩子成为自主独立的学习者。在他着手规划的课堂实践中,可以明显地看到他与班级成员建立的价值关系是以相互尊重为基础的。本打算在课程中给予学生更多机会,从而使他们能够进行自我选择、自我决定。他愿意聆听孩子们的想法,并在设计课程时将其列入考虑范围之内。为实现这一目标,他采取的一个途径就是在学校操场上规划一个地理单元,采用探究性的询问方式,让孩子们对某一特定地点提出疑问,然后收集数据从而找到答案;当他们对数据进行整理分析之后,再决定所要采取的行动。本一直相信孩子们有能力向合作成员以及其他班级成员宣传他们的研究结果,且最终孩子们会很自信地运用这种方法,因为他们在聆听彼此想法、考虑同伴意见时会获得自主权并感受到他人的尊重。本支持孩子们自行决定学习行为,并在工作中建立相互尊重的师生关系,他的这一举措有益于孩子们掌握学习主动权,并充分参与其中;也有助于孩子们提出问题,找到解决问题的答案。本懂得这种方法的运用在建立积极工作关系方面所具有的价值。

乔(Jo):小班教师

最近两年,乔已经参与到地方大学的工作中,并和导师一起组织教学会议,包括带着她的班级和实习教师一起在大学工作。乔是一名经验丰富的教师,她懂得专业考量学校精神、政策以及实践的重要性。实习教师可以明显地观察到乔尊重孩子的方式遵循了学校的教育价值观。从一开始,孩子们就做出了一些选择,比如他们对学员们已经规划好的活动进行评判,并且熟练地管理。乔鼓励孩子用他们的大拇指来展示活动是表现良好(良好则大拇指向上),还是表现中等(大拇指平行),或是表现糟糕(大拇指向下)。乔非常鼓励孩子在做决定时能够自行思考,并去证明他们所做出的决定,而不是单纯复制旁边同学的想法。乔还鼓励孩子单独对和他们共事过的成人道谢,使之成为一种以尊重为基础的有意义的练习,而不是集体感谢,因为在她看来,这种道谢并没有多大意义。

最终,价值观方面的教学鼓励孩子通过情感、社会、道德以及文化方面的学习来得到一定的发展。通过支持孩子成为自主学习者以及承担起自我学习的责任,这将有助于提高学校的标准。

教师标准和第二部分之间的联系

自2012年4月以来,国家教学与领导学院(National College for Teaching and Leadership)在听闻一些严重渎职案件时,就已经能够用第二部分的教师标准进行裁决。第二部分既强调个人行为,也重视职业行为,并表明无论校内校外,教师都应维持公众对教师职业的信任,并在伦理道德行为方面保持高标准。基于第二部分是作为教师标准中一个单独部分来加以强调的,因此人们可能会误以为这一部分教师标准与教师标准中的第一至八章并没有多大联系。然而事实并非如此,第二部分与其他所有教师标准都是有联系的,它是制定其他标准的基础。在学校和日常课堂实践中,教师标准与第二部分之间的联系可以通过教师行为和专业精神来证明。表9.2列出了教师标准的第二部分与各个教师标准之间的联系。

第九章　个人行为和职业行为

表9.2　教师标准以及与第二部分的联系

教师标准	与第二部分的联系
教师标准1：为调动、激励和挑战学生能力设定高期望值	• 尊重学生 • 建立以相互尊重为基础的人际关系 • 设立适合教师职业地位的清晰界限 • 为孩子、家长以及同事树立好榜样 • 确保个人信念不是通过利用学生弱点或者导致他们触犯法律等方式实现的
教师标准2：促进学生发展与取得良好成就	• 确保个人信念不是通过利用学生弱点或者导致他们触犯法律等方式实现的
教师标准3：具备良好的学科和课程知识	• 不诋毁英国基本价值观，包括民主、法律法规、个人自由、相互尊重以及对不同信念、信仰的包容
教师标准4 建构良好的课程结构并进行有效教学	• 对他人权利表现出宽容和尊重 • 不诋毁英国基本价值观，包括民主、法律法规、个人自由、相互尊重以及对不同信念、信仰的包容
教师标准5：调整教学以满足所有学生的长处和需要	• 不诋毁英国基本价值观，包括民主、法律法规、个人自由、相互尊重以及对不同信念、信仰的包容 • 对他人权利表现出宽容和尊重
教师标准6：准确和高效地开展评估	• 教师必须适当地以专业化视角关注其任教学校的校风、政策以及实践
教师标准7：有效的行为管理保证优质安全的学习环境	• 对他人权利表现出宽容和尊重 • 确保个人信念不是通过利用学生弱点或者导致他们触犯法律等方式实现的
教师标准8：履行更广泛的职责	• 教师应表现出一种高度专业化的教学方式，理解并证明他们自己的行为在任何时候都是恰当的 • 教师必须理解并始终在专业职责的法定框架内行事 • 教师必须适当地以专业化视角关注其任教学校的校风、政策以及实践 • 根据法定条款，考虑学生的幸福需求

有时，教师可能会发现他们的价值观和信念与他人相冲突。在坚持自己的核心价值观的同时，有必要去考虑如何尊重持不同观点的人；对那些建立自我价值观的学者们，该如何表现出接受和支持。而阅读学校政策则有益于我们去探索学校的准则是什么，以及这些准则与课程的其他方面到底有什么样的联系。每个教师都有责任主动弄清楚这些政策与日常实践之间的关系，进而能够充满自信地回应在工作场所中存在的各方期望。

本章小结

在本章中,我们讨论了教师的个人行为和职业行为。在实践中,关于教学的大多数决定是以学校共同体的价值观和信念为基础建立起来的。作为一名教育领域的专业人士和一名专业教师,其表现出来的行为与公众的观点息息相关。我们必须牢记教学是一项重要的工作。事实上,公众对教师这一职业给出的高度评价,主要是因为他们把教师同医生一起列为最受尊重的两类职业(DfES,2002)。在校内外,教师通过高水平的个人专业行为来展现其价值观。

所有教师都要对照教师标准进行专业评价,这为教师的专业发展提供了平台。教师专业发展与学校改善之间存在一定的联系,这种联系已经受到普遍认可,因为这一联系可以使教师确定自己的能力领域和发展领域。已有学校表明,把持续专业发展(CPD)作为学校改善计划的核心,并把绩效管理、自我审查以及持续专业发展整合到一个连贯的循环系统中,教学状况会得到明显改善,教师水平也得以提高(Ofsted,2006)。除了意识到专业发展所存在的价值之外,教师也可了解到他人的需要。为了维持学校的实践政策,教师将把这些政策运用于他们的教学、学习以及更广泛的学校生活中。

第十章
学习永无止境：做一名终身学习者

这是什么

当你开始从实习生转变为教师,并以超级英雄的速度转变为另一个版本的你,而你的着装、作为超级教师的能力以及精心排练的使命宣言都得到了改变,这就是"走进电话亭的时刻"(stepping into the telephone box moment)。我们应该认识到从实习生到教师的过渡是很重要的,在转化过程中,提供这种转变的时间和空间条件是教师专业发展的一个重要部分。遗憾的是,"电话亭"并不能提供你想要的质量审查规范(QTS),所以更多时候你需要安慰自己,然后在屋顶上大喊:"我做到了!"因为你是一名了不起的教师,你的辛勤努力得到了回报。

新入职教师进入试用期需满足一系列条件,即他们需在国家课程的各个方面,能够根据学生年龄范围内的现有学科知识进行教学,并满足教学专业和基本安全方面的要求。此外,新入职教师还有必要去思考以下几个问题:如何在教学工作中取得进展?教师发展的支持机制是什么?持续专业反思和发展的重要性又是什么?

章节概述

由于新入职教师的试用期任务往往艰巨且繁重,因此,本章将会讨论从实习生向专业教师的过渡,并思考与教师标准相关的教师专业的继续发展(DfE, 2013a, 2014f)。本章将概述对新入职教师的期望,重点关注在以反思性实践所进行的持续发展活动中,如何确定关键的阶段性职位、角色和责任;为了使新教师顺利度过试用期,本章还会考虑进度报告的可信度,以及为满足教师标准提出实践建议,探讨案例研究和持续专业发展(CPD)的重要性和价值。本章也会探究一个新近获得资格的教师(RQT)是怎样在他们的专业实践中体现教师标准的,包括在职业发展准备方面、绩效管理方面以及接踵而至的教师"门槛"评估方面。除此之外,本章将考虑如何充分利用那些重要的初级职业发展阶段,使新入职教师为教学严谨性和培养良好习惯做准备。更多细节和指导可以在《教育部新入职教师(英格兰)》(Department for Education's Induction for Newly Qualified Teachers[England])中进行查阅(DfE, 2014d)。我们将广泛引用这份文件,除了阐述相关研究外,还会把这份文件作为支撑以下内容的理论基础。

第十章 学习永无止境:做一名终身学习者

跨越桥梁:从实习生到教师的转变

在成功完成了培训以及第一个教学阶段的任务后,现在是时候反思你为获得专业教学资格所付出的艰辛,也是时候做出改变了。

对很多新入职的教师而言,如果没有训练机构提供的安全保障,他们就会担忧事业前景。可是为了使你安心,你将会感受到不同的支持来源:虽然你处于职业生涯初期,但仍有必要去识别不同的支持机制。

雇主将会成为你最初的支持来源,学校通常会采取非常综合的、结构化的培养方案来帮助那些处于职业早期的新入职教师。对于这一问题的深入讨论将在本章后期进行。另外,很多训练机构会为新入职教师提供高水平的可选择性支持方案,包括校友活动、论坛支持、建立与培训团队之间的沟通联系、支持教师个人博客和在线参与等。如果选择成为教学联盟中的一分子,那么教学联盟将成为你另一个非常珍贵的支持来源。教育部已经出台了新入职教师的具体法定指南(DfE,2014d)。虽然在方法和指导方针的设置上与教师以往的培训有细微的不同,但这是新任教师的权利,也是促进教师发展的一项有效措施:持证上岗是初始教师培训与教师职业生涯的桥梁。它将个性化方案中的发展、支持、专业对话与监测相结合,并根据相关标准来评估绩效。这一计划应该支持新入职教师在期末时去证明他们在相关标准方面的表现是令人满意的,并证明他们已经具备了作为一名合格教师的能力(DfE,2014d,p.7)。请记住,招聘者是根据严格的甄选和招聘程序才把你从众多潜在候选人中挑选出来的,因此你已展现出了你所具有的技能、知识、理解能力以及成为一名优秀教师所需的品质。这一点应该足以增强你的自豪感,形成并强化"我能行"的积极认知和自信态度。作为一名教师,你已承诺要进行终身学习。虽然在学习过程中,犯错总是难免的,但我们会从中吸取教训,旨在竭尽全力做到最好。新入职教师需不断学习,并期望实践能力能够随着时间的推移而有所改善。

然而,比德尔(2010,p.1)提出,当你处于试用期时,始终坚持切合实际的观点是非常重要的:

任教第一年不犯错是非常困难的,因为没有什么像漫步一样永远令人乐此不疲,此时的你已经被一些政府广告和小册子弄得筋疲力尽了。你可能觉得生活茫然,精神破碎,感觉消极甚至害怕,但你仍会感受到深深的喜悦,因为在这个过程中你会明白为什么有的人把教师视为世界上最好的职业,你会感觉到自己也是作为这个问题的答案之一。(这些感觉将会一直持续到下一次课且让你感到不安,直到你在任教第4年、第5年或第6年的时候及时将这些教训加以总结并改正。)

虽然以上观点在某种程度上并不严谨,但重要的是要意识到在走向成功的旅程中需要自己不断地努力,并在这一过程中增强你的自尊自信。德威克(2013,p.4)断言:

我们并不能通过赞美学生智商高赋予学生自尊,自尊只是借我们之手使学生获得他们自己的东西,通过教导学生更脚踏实地学习而不是耍小聪明,教会他们乐于挑战、学会努力,学会吃一堑长一智。

作为一名新入职教师,如果你表现出不想坚持学习也是会被原谅的,而且你会成为一名完全合格的、有能力的、热情的新成员,并受到任何教学团队的尊敬。你想要沿着这些路线快速掌握教学技能并做到最好,这种想法是可以理解的。对职业充满高期待并努力想要成为一名伟大的教师并没有错,但你需要记住的是,你目前仍处于自我学习的旅程中,如若你想成为最优秀的教师,那就需要投入时间,具备耐心、毅力,并获得支持。不要害怕持续学习,相反,你需要认识到终身学习的重要性,认识到在试用期以反思实践活动的形式来促进专业发展,实际上是随着时间的推移而提出的一种合理期望。当你为新职业做准备时,一定要允许你自己这样做。同时,为了使学生顺利完成学业并获得最佳结果,你需要有效利用外部支持机制,并做好任职前期的准备工作。

三个"R":通过侦查(reconnaissance)、资源(resources)和反思(reflection)来获得先机

在这一部分中,我们将基于实践案例来研究初始准备的方式,旨在使你从实习生成功地过渡成为新入职教师。在开始之前,你不妨考虑以下问题:在日常生活中对班级负责、对成人表现出支持以及对学生的进步和幸福负责,这到底是什么样的感觉?

为了更好地为你的新职业做好准备,并以一种现实的态度来对待它,在任职某一教学职位时尽快回答以上问题是很有必要的。此刻,学校经历已然成为你生命的重要组成部分,使你有机会在安全的培训环境中得到成长和发展。且真正对学生负责的教师就像从推车上取下的稳定器一样,不会让学生在没有支持的情况下就让学生马上骑车,而是要在稳定器提供的支持下进行操作,当学生准备好时再慢慢将稳定器移除。

第十章 学习永无止境:做一名终身学习者

现场观摩

在领寻团队许可的条件下,尽可能多地参观教学场景,其实是一个不错的主意。场景访问不仅可以作为一个渠道,使你开始感受到工作场所、同事以及学生的气氛,还可以为你提供丰富的信息从而使你了解未来的实践举措。现场观摩能够帮助你收集资源和不同意见,而随后的反思则有利于你进行前瞻性规划。事实上,现场观摩是教师转型过程中的一个重要步骤,因为从观察和讨论中可以证明你是否满足教师标准。

表10.1将作为一种有效工具促使你迈出第一步,我们将鼓励你开发并量身定制自我发展需求,且从一开始我们就从教师标准中挑选出一些范例,并建议你能够运用侦查的方式来开展准备工作。

表10.1 教师标准助你迈出第一步

教师标准	如何达到这一标准
2b:以学生的能力和已有知识为基础计划教学	通过与教学团队进行沟通联系,尽可能观察学生行为,以求了解学生,也可向有关教师询问学生已有记录和进步情况。这些措施会为你提供有关学生能力和发展需要方面的重要信息,而教师的教学计划则需要建立在这些信息的基础之上
3a:有扎实的相关学科和课程领域知识,培养和保持学生对这门学科的兴趣,并能解决学生的问题	通过教学观察以及与教师、助教和其他成人进行沟通联系,提高你的学科知识,进而对你所教年龄阶段的学生进行深入、详细的教学。如果可能的话,请了解你的学生,并和他们谈论他们的兴趣之所在
5c:了解学生的身体、智力和社会发展状况,并且知道如何调整教学以支持学生不同阶段的发展 5d:了解所有学生的需求,例如:有特殊教育需求的学生、能力突出的学生、将英语作为第二语言的学生、残障学生,并使用独特的教学方法来吸引和支持他们	如果能够参与到你所教学生的队伍活动中,你将会开始了解他们的需求和能力。同时对学生的观察有必要参考其他教师的数据以及外部机构可用的记录资料。通过分析,学生的大致概况就会明了,在这一基础之上,你将能够在新学年开始前使你的教学计划更好地迎合学生的需求。通过参与到学生活动中,你拥有了与学生进行交流的机会,从而能够与他们谈论他们的兴趣和擅长之处

续表

教师标准	如何达到这一标准
6a: 了解并理解如何评估相关科目和课程领域,包括法定要求	如果你能够进行教学观察,那么你将能够应付现场评估,且它可以通过与教学团队进行评估性讨论和正式的记录使评估得以丰富
7a: 根据学校的行为守则制订日常行为规范,承担维护校园文明礼仪的责任	双重机会:首先让你有机会明白学校行为守则的政策规定,其次给你机会证明自己在这一领域的能力。有必要对所有学生一直实行无商量、高期望的行为管理
8a: 为学校的生活和校风做出积极的贡献	你需要做什么呢?可能这是一个和班主任或校长进行讨论反思的机会
8b: 与同事建立良好的职业关系,了解如何及何时采取建议和获得专家支持	将视察视为面试过程的延伸,而在视察过程中你表现自己的方式以及你为发展职业关系所做出的努力将得到保障,因为第一印象很重要

在游戏中充分发挥聪明才智

为了成功进入职业生涯,你有必要确保在接受挑战前就已做好了充足准备。下面的小贴士能够帮助你在游戏中充分发挥聪明才智。

小贴士:

1. 写日记并有效规划时间。

2. 了解学年中的热点话题,因为事先了解这方面知识有利于避免恐慌。

3. 为自己腾出一些时间。花一些时间做自己喜欢的事情,这对于一名教师而言非常必要也极其重要。

4. 交谈。与同事、同行、家人和朋友谈论你的过渡历程和发展需要,不懂就问并努力思考问题答案,从别人的领悟中找寻有用的观点,并建立自信。

5. 抽出时间做好第一学期的教学准备;探索每一条能够使你顺利前行的途径。

6. 反思培训时所接触到的理论,思考它们是如何转化为日常实践的。

第十章 学习永无止境:做一名终身学习者

充分利用时间:3个简单的练习

在成功完成培训和接受第一次任命之间,你会拥有大量时间。而开始着手新学年的准备工作其实是一个不错的主意,这可能会是一个激动人心的时刻,因为你已经准备好了在第一天及时完善你的资源。

1.如果你在学年之初开始任职,你可能希望规划你的学习环境。请参阅前几章以获得一些好的主意,其中可能涉及展示物品所做的准备、所运用的资源,以及你打算促进自主学习和进行过渡的简单方式。

> 小贴士:找一个旧鞋盒和零碎纸张、卡片,然后把鞋盒当作你的学习环境,再通过裁剪、粘贴一些家具和资源等来规划布局,直到你对自己所规划的学习环境感到舒适,并愿意在这样的环境下继续进行后期学习为止。实际上,教室环境在一学年中应该是灵活的,可以适应学生不断变化的需求。

2.你可能有机会和同事讨论课程计划,这的确是一个提前研究课程内容的有效练习,也是一个运用知识强化备课和未来教学的一项有效实践。与他人进行当面交流不一定可行,但你可以与同事建立电子联系,然后了解如何在新环境中进行有效规划。你也可以运用新入职教师培训中所获得的经验来进行课程回顾。

> 小贴士:找一张大一点的纸,然后对你所教的课程进行思维导图。这一行动不仅能够表明关键思想和主题,而且能够确定交叉课程之间的联系。同时,这一思维导图也能够帮助你更好地了解学科知识的发展需要,进而有益于你的研究和备课。

3.反思你所受到的培训,然后将所整合的有用资源、活动和课程思想纳入就职支持包中,以便你在后续阶段能够加以利用。在希望扩大主题或促进独立学习和发现的时候,或在需要快速活动的时候,创建一套特别的活动和资源是很有用的。随着时间的推移,你可以强化这一有用资源。

> 小贴士：教师总是积累了大量的文件、工作表、计划书、资源等。通过把你的想法和已收集到的信息整合到一个实用的、人性化的文件夹中，从而开启你的职业生涯。文件夹可以按学科、主题或是单纯地依照字母顺序来分类。随着文件夹的增加，你的想法库也会增加。这项活动可能涉及你训练期时整理出的不同文件夹，在进行重新整理组合后，这些想法就能变得触手可及。而早期在这项活动上所花的时间可以在后期得到回报。

对新入职教师和关键职位的期望

现在，我们将探究新入职教师在试用期间可以合理预期的各个阶段。首先，很重要的一点就是我们是试用期，而不是新入职教师期，原因在于对某些新入职教师而言，试用期可能会超过一学年，比如从事兼职教学的教师。另一个需要注意的地方就是，一些新入职教师并没有在学年之初就进入试用期，而是取决于他们何时被任命。

我的试用期是如何安排的？由谁安排的？

教育和技能部（DfE，2014d）指出，试用期结束后，新入职教师的表现情况会根据教师标准来进行评判。判定新入职教师对相关标准的表现是否令人满意时，应与他们的工作环境结合起来进行考虑，且这一裁定必须立足于所制定的标准框架内，并在试用期结束后，根据新入职教师所设定的合理期望来决定。最终的评估应该反映出这样的一种预期，即新入职教师已有效巩固新入职教师培训课程的内容，并证明他们在实践中能够一直满足相关标准（p.8）。在试用期间，新入职教师需证明在相关专业实践中他们是如何达到教师标准的，而主管机构（DfE，2014d）将会成为质量保证人，负责监督试用机构。

值得注意的是，新入职教师的试用期表现为一种合作关系，即新入职教师、学校和主管机构之间的合作，三者之间有清晰的角色定位和责任划分。教育和技能部（2014d）在指南中阐明了以下一些重要原则：

- 一名新入职教师只需完成一个试用期的考核。如果新入职教师并未通过试用，他们不能重复进行这一过程。
- 雇主必须进行职前检查，以确保新入职教师拥有教师任职资格（QTS），然后才能判定其是否具有试用资格。
- 新入职教师有权缩短试用期提前入职。

第十章 学习永无止境：做一名终身学习者

- 班主任有义务在新入职教师进入试用期之前提前告知主管机构。
- 新入职教师的试用期是由主管机构决定的，通常是一学年。
- 那些从事新入职教师培训的机构应制订个性化的监测和支持计划，且为了使这一过程能够顺利进行，班主任将任命一名入职导师，其可能包括：

①新入职教师获得的支持和引导来源于指定的入职导师。他们都持有教师资格证书，并且有时间和经验来做好这一项工作；

②观察新入职教师的教学情况并进行后续讨论；

③定期进行专业进展审查；

④新入职教师可观察学习那些经验丰富的教师，无论是在当前的试用机构中还是在另一个具有良好教学效果的示范性机构中（DfE, 2014d, p.17）。

- 新入职教师需要通过实践来证明他们的发展是否违背了教师标准。
- 对于分级职位的正式评估已经在新入职教师与其所在机构之间达成了共识。通常情况下，这样的评估每学期进行一次。正式评估报告的原稿会提交给主管机构，而复印件则会供新入职教师进行自评和保存，且整个过程都是透明的。
- 如果你成功度过试用期，学校将会将你引荐给主管机构。主管机构又会将你推荐给国家教学与领导学院。如果新入职教师能够成功通过以上整个过程，那么他们将毫无阻碍地开展教学工作。
- 在试用期间，入职导师将会密切监督新入职教师的所作所为。出现困难时，会有明确的角色、责任和程序。请参考教育和技能部提供的指南以了解更多详情。

循证发展的重要性

满足教师标准并顺利通过试用阶段都旨在为你的职业生涯提供一定的实证基础。我们建议你在试用期准备一个反思性的文件夹，其内容分为教师标准和其他附属部分。这个文件夹可以成为你教学旅程中的循证材料。虽然有很多途径可以达到这一目的，但无论是硬拷贝还是电子构建，这个文件夹都是一系列批判性反思的汇总，能够证明你是否有效满足了教师标准。理想状态下，在培训期间就应该建立这样的反思性文件夹，因为随着时间的推移它会有所进展。请参考本章最后的实践案例来看待这个例子。一个证据性的反思文件夹可用于与入职导师进行的进展会议中，这个文件夹包含了一系列项目：如评估、备课案例等，其目的在于加强你对教师标准的批判性反思。

正如前几章所述，批判性反思是专业实践中的一个重要组成部分。比尔（2014）表明，评价你每天的实践情况可以用一种非判断性的方式来问自己："我从中学到了什么？"以及"我能做些什么改变才能取得更好的结果呢？"(p.23)。通过这一反思过程,你的实践能力得以强化,学生也会获得积极影响。

除了进行反思性实践之外,还有必要将同事之间的专业对话结合起来,尤其是在观察和将实践返回联系到教育理论之后。在本质上,这是一种专业综合改进。洛克伦(Loughran,2010)声称:合成是一种重要方式,它能够把零碎话题组合起来并把它们加入学习,以便每个元素都能以这样的方式相互作用、相互构建,这样做能够对特定内容建立更深的理解(p.125)。

从新入职教师过渡到新近获得资格的教师:你想成为哪一种类型的教师?

一旦你顺利通过试用期,那你接下来需要做的就是进行反思、巩固和继续专业发展。同时,你也将开始建立教师职业的身份认同。如若想要成为一名最优秀的教师,那么持续进行专业化发展将是必不可少的。你下一步采取的行动依赖于你所要探索的路线,可能是学科领导、管理、更高水平的教育或者是专攻某一特定领域所进行的训练,如特殊教育需求和残障孩子教育等。无论你选择何种路线进行探索,你都将受到当地高级领导团队的定期监测,且所有教师都将受到这种监测,并把这种监测作为评价和绩效管理政策的一部分。

绩效监测、评价和门槛评估

教师监测周期很大程度上取决于环境和人员结构。大多数情况下,教师可以获得一系列专业发展机会,比如通过同伴间的观察和讨论进行学习,或是与上级领导的"学习漫步"(learning walks)进行学习。观察之后进行讨论是有好处的,将教学能力和学科领域方面的发展确立为讨论的一部分也是有益的。这些讨论的结果将在后期受到监测,并通常作为一项绩效管理措施和其他成就目标一同使用。绩效管理和考核程序因环境而异,但通常包括以下一些或全部内容,比如:

- 学年伊始,学校所召开的会议旨在回顾上一学年所取得的成就和达成的目标,然后设定新的目标;
- 正式或非正式的教学观察;
- 非正式的学习走访,包括学生工作检查以及与学生进行交流;
- 召开中期会议;
- 和上级领导团队一起召开学生进展会议;
- 学年结束之际召开总结大会,对目标和成就进行回顾总结。

当前,教师职业受到绩效工资的影响,这就意味着工资的高低直接与教师的表

第十章 学习永无止境：做一名终身学习者

现挂钩。影响绩效的因素有很多，如对学生进步所做出的努力，对学校改善所做出的巨大贡献。因此，教师有必要熟悉学校出台的这方面的指南。

对于那些希望取得更大进步的教师而言，他们可以申请门槛评估。申请评估的教师通常已获得最高法定工资，但希望获得更高薪酬，或是已被绩效主管确定为有资格快速获得高薪。那些高薪申请者都期望证明他们是高度符合教师标准的，这种标准主要通过设定的评估周期，并与成功标准进行比较来确定。再一次强调，这样的评估是非常有根据的，因为它是由绩效管理人员和领导团队协商决定的。

> 小贴士：用一张纸或选择一个设备，然后记录下你认为成为一名优秀教师所需要做的所有事情。现在，把每一项内容与你的专业实践联系起来，然后把它们放在三个不同的标题下："我做了这个""我已经开始考虑这方面的问题""我需要做这个"。找出可以建立在你所做或已经开始思考的事情上的方法，并确定你如何完成那些你需要做的事情。你可以将它作为和指导老师或同事进行讨论的基本话题，接着再确定下一步所要采取的专业实践举措。

丰富和拓展：成为一名最优秀的教师

作为一名教师，不断发展和争取进行更好的实践都是很重要的。一名优秀教师会将试用期所获得的大量经验用于充实自我专业发展和实践。教师监督自我发展的一种方式就是参与丰富自我和拓展自我的有关活动，这些活动能够确保教师进行思考，从而促进其学习和发展。为了构建这一过程，现在我们来看一个由亚历山大（2016）开发的实践模型案例。表10.2中的范例结合了布鲁姆等人（1956）关于认知技能方面的观点，并包含了表4.1所示的良好课堂实践的早期例子，使其作为丰富和拓展教师专业实践、批判教师标准的工具。

表 10.2　丰富和拓展网格

（高阶技能的发展：将这些作为你专业发展和进步的指标）

认知技能 (Bloom et al., 1956) \ 教师标准 (DfE, 2014)	教师的丰富拓展活动							
	这一充实延伸网络是一种支持机制，旨在鼓励你发展和拓展你的专业实践和批判性反思技能							
	了解	理解	运用	分析	创造	评价	你自己的想法（请注明认知技能）
1. 为调动、激励和挑战学生能力设定高期望值	向学生展现出你的理解过程。记录你所运用的能够发现学生能力、需求和独特性的策略	其他教师是如何参与到学生的挑战中的？从你的专业观察中选出两个案例进行反思，然后说明你的理解	描述你所运用的三种干预措施，且这三种措施激发了学生的学习动机并提供了额外的挑战	反思自己在什么时候激励了学生，包括影响学生的参与性、进步和未来实践	创造一种新的、有创意的方式去激发学生学习，使其与你当前采用的策略一致	评价你为学生所设置的挑战的有效性。倾听学生的声音，让他们评价你的优秀之处并指出需要改进之处	
2. 促进学生发展与取得良好成就	记录三种能够使学生获得进步的方式	为另一名实习教师书写一段能够定义学生进步的文字	运用策略，使不同团体、学生获得进步，如不同阶段的学生或是不同班级的学生	为家长/监护人写一份详细的进度报告，说明班上学生的进展情况	在课堂上展示学生的进步，并让学生参与其中	反思为什么有的学生没有取得预期进展，评价它为什么会发生，然后与学生一起制订后期计划	

续表

认知技能 (Bloom et al., 1956) / 教师标准 (DfE, 2014)	教师的丰富拓展活动						
	这一充实延伸网络是一种支持机制,旨在鼓励你发展和拓展你的专业实践和批判性反思技能						
	了解	理解	运用	分析	创造	评价	你自己的想法(请注明认知技能)
3. 具备良好的学科和课程知识	在每个课程主题中确定一个你想要深入了解的领域;同时也要确定你实现该目标的策略	找出你所选课程领域中常见的学生误解区,并确定你在课堂中将如何解决这方面的问题	在你的专业学科中采用一种新的、发挥你的主动性的教学结构	与你的学科有关的、对杂志文章或学术内容的批判分析	针对所选学科设计一个中期计划简单概述	评估你所选课程领域的一系列课程是否成功,并指出它们对学生进步所产生的影响	
4. 建构良好的课程结构并进行有效教学	向学生展现你的理解过程。对你所选的课程进行反思,并思考你如何确定你所讲的内容学生已经明白	通过参与理论学习和专业实践,确定你的发展领域	尝试和运用:回顾你所观察到的三个新教学策略的有效性	评判性地分析与你的专业实践相关的两种学习策略	展现出你是如何为所教学生设计提供一个引人入胜的课程的	批判性地评价你必须计划的课程版式的有效性,然后在评价的基础上开发你自己的规划形式	

续表

认知技能(Bloom et al., 1956) / 教师标准(DfE, 2014)	教师的丰富拓展活动						
	这一充实延伸网络是一种支持机制,旨在鼓励你发展和拓展你的专业实践和批判性反思技能						
	了解	理解	运用	分析	创造	评价	你自己的想法(请注明认知技能)
5. 调整教学以满足所有学生的长处和需要	写出三个别人在日常实践中可能会运用的策略	写出三种你能够确定和展现学生能力的方式	基于学生能力,从所选科目中设计出一种调节方式	确定你的课堂评估策略并对这些策略进行批判性反思,为什么以及怎样运用这些策略	鼓励学生展现出他们的优点	批判性地评价你的适应性策略；创造有用的教师策略的循证清单	
6. 准确和高效地开展评估	向学生展现你的理解过程,思考什么样的教学策略对学生有用	你运用的评估手段有多少不同类型,它们主要评估什么	运用一种你从未使用过的评估手段,然后反思它对实践和学生进步所产生的影响	观察同事的教学情况,然后分析他所运用的评估策略会对你的实践和学生进步产生什么样的影响	开发你自己的评估技术,然后在班级中进行试用,最后反思这一评估技术的有效性	批判性地评价你所计划的评估策略是否成功	

续表

认知技能(Bloom et al., 1956) / 教师标准(DfE, 2014)	教师的丰富拓展活动						
	这一充实延伸网络是一种支持机制,旨在鼓励你发展和拓展你的专业实践和批判性反思技能						
	了解	理解	运用	分析	创造	评价	你自己的想法(请注明认知技能)
7. 有效的行为管理保证优质安全的学习环境	写一段话来总结你是如何管理行为的,并鼓励你在所处环境中创建一个安全的学习环境。确定它是如何与环境政策相一致的	写出良好安全环境所必须具备的最重要的10个因素	运用一个你自己开发的新的、原创的行为管理策略或系统	当一个行为策略的表现事与愿违时,请对其进行反思,分析为什么会这样,然后设计明确的后续步骤	在你的教学情境中,设计出一种新的、令人振奋的行为工具,如游戏、奖励体系等等	反思学生所表现出的挑战性行为,然后批判性地评价这一策略在解决问题和促进学习方面的有效性	
8. 履行更广泛的职责	找出你在教学环境中所运用的安全措施	你对价值观的理解是什么?它是如何与你的发展实践产生联系的?	确定并运用各种方法使你能在更广泛的环境中展现你的专业精神,包括最高道德标准和行为规范	探索有关职业认同的研究。分析在这一领域中哪些元素有助于你进行专业发展	创造出你自己额外的课程项目,并使学生能够参与其中,如放学后的配音项目以及其他机会等	对那些你所钦佩的同事进行思考,包括他们的职业操守、价值观以及对教学的评价;肯定其价值,然后批判性地评价这些因素是否真的能够促进他们获得成功	

续表

认知技能(Bloom et al., 1956) / 教师标准(DfE, 2014)	教师的丰富拓展活动						
	这一充实延伸网络是一种支持机制,旨在鼓励你发展和拓展你的专业实践和批判性反思技能						
	了解	理解	运用	分析	创造	评价	你自己的想法(请注明认知技能)
为转型、入职和持续专业发展做准备	了解新入职教师在你的教学环境下的反应	反思你对于继续进行专业发展的理解,思考你如何在职业生涯中规划这一目标	尝试并运用:规划、运用并回顾你任教第一年的教学方式,使其作为你入职期的一个试点	在培训过程中分析你的发展领域,然后制订一个从培训到获得第一份职位这个过渡期的行动计划	在入职前期,准备一本新入职教师的反思性专业日记	批判性地评价你在教师培训期间所取得的主要成就,列举出你在试用期所计划的实践清单	

　　表10.2的基本原理就是为教师提供一系列专业实践强化活动,这些活动与布鲁姆等人(1956)提出的认知技能的层级结构相联系,与教师标准相结合。网格能在很多方面发挥效用,而这一网格将被用作丰富自我、拓展自我、发展专业实践和批判性思考技能的工具。我们鼓励教师从网格中选取活动进行开展,然后通过批判性反思来记录活动的有关内容。教师可以从每个认知领域中选择一种活动,或是随着时间的推移,参与全部活动。网格有助于加强新入职教师反思性文件夹的建立,也有助于为批判教师标准提供有力证据。

> 如何利用网格来促进你的专业发展?对于这一问题你可以进行适当的考虑。为了丰富你的实践技能,请选择能够发展你认知技能的那些活动(Bloom et al., 1956),并把这些活动作为批判性反思的一个跳板。一旦你参与丰富自我、拓展自我的活动,并对其进行批判性反思,那你所获得的经验将有助于导师或同事间的讨论。

第十章 学习永无止境：做一名终身学习者

从一开始就具有的研究性、批判性反思实践的价值：持续专业发展（CPD）

如前几章所表述，研究性教学被视为以理论为基础的一种实践，也是作为反思性实践者的一种证据。批判性反思实践旨在将理论和批判性反思循证实践相结合，并将其作为一种改善实践的工具。盖（Ghaye,1998）总结道：

教学是一种有价值的实践，对价值观的强调和认识有助于教师决定如何前进；证据则能帮助教师做出明智的、原则性的决定。自信称职的教学则需要教师严格按照实践证据进行系统反思，只有这样，反思性教学和学习才能有证可循。(p.9)

纵观全书，我们已经探索了多种办法，并将所获得的证据作为一种工具，通过能动性反应促进教师的专业发展。本章之前，我们就提出了教师具有终身学习的精神。诺丁汉（2013）指出："终身学习取决于学会怎样学习以及是否愿意学习。"(p.57)我们认为这种意愿是能否成为一名优秀教师的先决条件。教学是一项耗时的职业，但教师有必要通过参与专业发展活动，把时间用于专业实践。对教师而言，进行所谓的持续专业发展的机会很多，包括专业的外部培训课程、内部服务培训（internal service training, INSET）、研究生学历进修，以及参与研究和进行更为广泛的阅读。学校将意识到研究型教学的重要性，尤其是优秀实践共享是非常重要的。教师则应把握机会对教师教学和学生学习产生的影响和价值进行批判性反思。但里士满（Richmond）和格林菲尔德（Greenfield）（2015）指出，教师不应该受到潮流效应（Bandwagon Effect）的影响，这种效应会导致培训举措随着政府思想和教育政策导向的变化而变得起伏（p.64）。不幸的是，虽然这些议程通常为教师提供了专业的发展机会，结果却导致教师很容易忽视个人的发展需要。尽管这些机会可能在教师培训和发展中占有一席之地，但教师应该把批判性反思作为提高自我效能的有效工具。

将研究性教学和专业发展机会作为个人学习和自我发展的渠道，这是教师职业旅程中的一个重要里程碑。然而比格斯（2003）建议道："明智有效的教学并不是简单地根据规则来运用教学基本规律，这些规律需要与你的自我能力和教学情境相适应。"(p.6)

我们认为教学（学习）是具有情境的，你的教学能力依赖于你已有的知识、理解、技能和正在发展的价值观，且能够把它们运用于不同情境也是一名优秀教师所必备的技能之一。然而，这其实并不是一个简单的例子，而是根植于支持理论和个人批判性反思的严格审查，以发展对所处工作环境的基本理解。威尔逊（2009，p.23）表明："当我们拜读专家著作时，我们应该了解他们观点中所阐述的理论视角,并好好体味他们在收集证据、解释结果和得出结论方面所采用的方法。"

一方面,那些需要教师自行参与的专业发展活动对教师个人而言是有价值的;另一方面,那些专业发展活动对教师个人所处环境、其同事和学生也都是有价值的。研究型批判性实践旨在探究这些活动的影响:作为一名新入职教师,你需要超越自我发展需求,并把你的想法运用于工作(或学习)环境中,这样你所获得的效益才会更大。

最后的想法

当你处于新入职教师的试用期时,请时刻牢记以下内容。

准备工作:你有责任做好充分准备,也有义务去探索变成一名专业人士的途径。好好利用入职前的那段时间,并确保自己已做好了入职的充分准备。

支持:了解身边的支持机制,并选择性地利用它们。同时与同事进行建设性的对话,并对专业发展持一种批判性反思态度。

责任:从你作为教师开始,学生的进步和幸福就成了你的责任,请认真履行这一职责,并保证你在整个试用期以及后面整个职业生涯中都能发挥一定影响。

终身学习:通过与专业理论的接触,对专业发展做出承诺,是博学教师的必修课。为了得到深入发展并竭尽全力做到最好,请你花时间参与这一过程,然后批判性反思学习经验。

实践案例

霍普(Hope)

霍普是一名刚踏入教学岗位的实习教师,尽管她已经获得了教学资格,但为了做好新教学岗位的准备工作,她开始充分利用在最后一所实习学校中所获得的经验,而这一切都将发生在学年开始之际。霍普在平板电脑上创建了一个电子版的反思性文件夹,旨在根据教师标准来标记出自己成功发展的领域。霍普将她的电子学习档案划分为以下几个部分:

- 电子学习档案的基本原理和介绍。
- 培训结束后所能确定的优势和发展领域。
- 为达成目标所制订的行动计划。
- 教师标准的九个部分以及附件材料,包括教师标准的第二部分。

第十章 学习永无止境:做一名终身学习者

为了有证可循,她的实习导师会对每个部分进行电子评论,或是把家长/监护人以及学生等其他人的评论进行链接(如通过电子版记录笔记、扫描、照片和录音等形式)。

● 其他信息。

霍普计划以一系列形式来储存证据,如将学生参与工作的相片、音频和视频文件与计划书等其他电子文件进行链接等。她打算与她的导师分享这份电子文件夹。如果实施顺利的话,霍普打算在整个实践过程中继续运用这一电子文件夹,以捕捉自己的进步历程图景,并使这个电子文件夹作为绩效管理和评估的证据。

杰克逊(Jackson)

在学年开始之际,杰克逊没能获得教学职位。为了巩固他良好的教学实践和继续进行教学工作,杰克逊加入了教学机构以支持当地的学校建设。作为一名处于基础阶段的实践者,杰克逊乐于依赖现有技能,并把握住每一个反思性实践的机会,以便进行深入发展。当他最终获得面试机会时,他与面试小组谈论了这一情况,并对教学做出了承诺。杰克逊在学前班获得了一个教学岗位,他对他在教学机构所获得的培训充满自信,以及他在基础阶段与孩子们一起工作的相关经历,都为他的入职打下了良好基础。

参照教师标准进行实践时,你需要考虑以下几个关键问题:

● 培训之后,你打算如何保持对现有学科知识的认识?
● 你将采取哪种方式收集证据来表明你满足了教师标准?
● 作为一名新入职教师,你如何将理论与实践相结合?
● 你将怎样确定你的发展需求,并将这些需求与你的入职导师进行交流?
● 你的职业抱负是什么?如何发展你的抱负?
● 你的专业发展对他人产生了什么样的影响?
● 你将以何种方式来做好你试用期的准备工作并获得他人的支持?
● 成为一名终身学习者的策略是什么?

本章小结:新入职教师,学习永无止境

从实习生到教师的旅程应被视作你职业发展的重要组成部分。学习同事的优秀经验,并反思培训及学习经验;明确那些建立在发展实践基础之上的方法,并对你所取得的重大成就感到骄傲。你可以充满自信、秉承承诺并以积极的心态步入试用期,然而也应该时刻秉承谦逊、自我反思的精神。懂得向他人学习,不要急于下结论——经验可以教会我们很多东西。参加专业发展活动,努力发展你当前所拥有的知识和技能。认真思考,不犯错误:你的思维方式决定了你将成为哪种类型的教师(Beere,2014,p.7)。勇于提问并仔细聆听别人,但是要忠于自己的价值观并发展教师身份认同。充满灵感,并让这种灵感产生一定影响:"拥有灵感的教师会做什么呢?简而言之,他们打算让他们的学生也都拥有灵感。"(Ryan,2011,p.5)吉尔伯特(2014,p.231)提出了这样一个问题:"当我已经拥有谷歌的时候,我为什么还需要教师呢?"同时,他给出了这样的答案:"糟糕的教师会因为糟糕的工作而有害于学生的发展,而优秀的教师却可以改变一切,甚至决定着世界的未来。这就是为什么当我拥有谷歌时,也认为教师是必不可少的。"(p.231)

概括而言,当你从实习生过渡到教师以及其他角色的时候,请记住,教学可以创造出多米诺骨牌效应:你的学习影响着你的教学,而你的教学则影响着学生的学习和进步,然后它们再一次影响到你的学习。作为一名学习者和一名教师,你应该努力使所有人都取得最佳结果。因此我们会说,新入职教师身上拥有很多东西:职业认同、专业调查、未来投资、教学激励,还有最重要的一点——对学生的影响力。

参考文献

Adams, K. (2011) 'Managing behaviour for learning', in A. Hansen (ed.) *Primary Professional Studies*. Exeter: Learning Matters.

Alexander, G.N. (2011) *Miss, who is going to make us sing? A singing evolution*. Sarbukken: Lambert Academic Publishing.

Anderson, L.W. and Krathwohl, D. (eds) (2001) *A Taxonomy for Learning, Teaching, and Assessing: A revision of Bloom's taxonomy of educational objectives*. New York: Longman.

Assessment Reform Group (ARG) (2002) *Assessment for Learning: 10 principles*.

Association for Teachers and Lecturers (ATL) (2013) *Ready, Steady, Teach! Our guide for new teachers*. London: ATL.

Baker, C. (2006) *Foundations of Bilingual Education and Bilingualism*. Clevedon, OH: Multilingual Matters.

Barton, G. (2015) *The Essentials of Teaching: What you need to know to be a great teacher*. London: Routledge.

Beadle, P. (2010) *How to Teach*. Carmarthen: Crown House Publishing.

Beard, R. (2011) *Outstanding Lessons Made Simple*.

Beere, J. (2012) *The Perfect Ofsted Lesson*. Carmarthen: Crown House Publishing.

Beere, J. (2014) *The Practically Perfect Teacher*. Carmarthen: Independent Thinking Press.

Bennett, W.J. (1996) *The Book of Virtues*. London: Simon & Schuster.

Bentley-Davies,C.(2010)*How to be an Amazing Teacher*.Carmarthen:Crown House Publishing.

Biggs, J. (2003) *Teaching for Quality Learning at University*. Maidenhead:Open University Press.

Black, P., Harrison, C., Lee, C., Marshall, B. and Wiliam, D. (2003) *Assessment for Learning:Putting it into practice*. Maidenhead:Open University Press.

Black, P. and Wiliam, D. (1998) *Inside the Black Box: Raising standards through classroom assessment*. London: GL Assessment.

Blandford, S. (2013) 'Developing a global system of teacher education for a global economy: Is there a role for a Royal College ?' *Education Today*, 63(1): 18–23.

Blatchford, P., Russell, A. and Webster, R.(2012)*Reassessing the Impact of Teaching Assistants*.Abingdon: Routledge.

Bloom, B.S., Engelhart, M.D., Furst, E.J., Hill, W.H. and Krathwohl, D.R. (1956) *Taxonomy of Educational Objectives:The classification of educational goals. Handbook I: Cognitive domain*. New York: David McKay.

Brandom, A.-M., Carmichael, P. and Marshall, B. (2005) 'Learning about assessment for learning:A framework for discourse about classroom practice', *Teacher Development*, 9(2): 201–18.

Briggs, M., Woodfield, A., Martin, C. and Swatton, P. (2009) *Assessment for Learning and Teaching in Primary School*, 2nd edition. Exeter:Learning Matters.

Brighouse, T. (2008) 'Continuous professional development is the key to school success',*Professional Development Today*, 11(2): 52–4.

Brookfield, S.D. (1995) *Becoming a Critically Reflective Teacher*. San Francisco: Jossey-Bass.

Brophy, J. (1981) 'Teacher praise:A functional analysis', *Review of Educational Research*, 51:5–32.

Buckler, S. and Castle, P. (2014) *Psychology for Teachers*. London:Sage.

Bulman, K. (2006) *BTEC First Children's Care, Learning and Development Student Book:Children's care, learning and development*. London: Heinemann.

Carr, D. (2006) 'Professional and personal values and virtues in education and teaching', *Oxford Review of Education*, 32(2):171–83.

Carroll, L. (1865 [1982]) *The Complete Illustrated Works of Lewis Carroll*. London: Chancellor Press.

Castle, P. and Buckler, S. (2009) *How to be a Successful Teacher*. London: Sage.

Chandler, C.L. and Connell, J.P. (1987) 'Children's intrinsic,extrinsic and internalized motivation:A developmental study of children's reasons for liked and disliked behaviours', *British Journal of Developmental Psychology*, 5:357-65.

Chaplain, R. (2003) *Teaching without Disruption in the Primary School: A model for managing pupil behaviour*. London: Routledge.

Clements, D.H. and Sarama, J. (2014) *Learning and Teaching Early Math: The learning trajectories approach*. Abingdon: Routledge.

Cooper, H. (2014) *Professional Studies in Primary Education*, 2nd edition. London: Sage.

Cotton, T.(2010)*Understanding and Teaching Primary Mathematics*.Harlow: Pearson.

Council for Subject Associations(CfSA)(2008)*Physical Education: Supporting gifted and talented children*.

Cowley, S. (2014) *Getting the Buggers to Behave*. London: Bloomsbury.

Cremin, T. and Arthur, J. (2014) *Learning to Teach in the Primary School*, 3rd edition. London:Routledge.

Crook, D. (2008) 'Some historical perspectives on professionalism', in B. Cunningham (ed.) *Exploring Professionalism*. London: Bedford Way Papers.

Cullingford, C. (2010) *The Art of Teaching*. Abingdon: Routledge.

Cummins, J. (1980) 'The cross-lingual dimensions of language proficiency: Implications for bilingual education and the optimal age issue', *Tesol Quarterly*, 14(2): 175-87.

Cummins, J. (1984) *Bilingualism and Special Education*. Clevedon, OH: Multilingual Matters.

Cunningham,B.(Ed)(2008)*Exploring Professionalism.London*:Bedford Way Papers.

Dale, E. (1969) *Audiovisual Methods in Teaching*, 3rd edition. New York: Dryden Press/Holt,Rinehart & Winston.

Daniels, H. (ed.) (1993) *Charting the Agenda:Educational activity after Vygotsky*. London:Routledge.

Dave, R.H. (1970) 'Psychomotor levels', in R.J. Armstrong (ed.) *Developing and Writing Behavioral Objectives*. Tucson, AZ: Educational Innovators Press, pp. 20-1.

Davey, R. (2013) *The Professional Identity of Teacher Educators*. Abingdon: Routledge.

Denby, N. (2012) *Training to Teach: A guide for students*, 2nd edition. Thousand Oaks, CA, and London: Sage.

Department for Children, Schools and Families (DCSF) (2008) 2020 *Children and Young People's Workforce Strategy*.Nottingham:DCSF.

Department for Children, Schools and Families (2009) *Improving Primary Behaviour*. London:Crown.

Department for Education(2011)*Getting the Simple Things Right: Charlie Taylor's behaviour checklists*. London: Crown.

Department for Education (2013a)*Teachers' Standards*.London: Crown.

Department for Education(2013b)*National Curriculum in England:Primary Curriculum*.London: Crown.

Department for Education(2014a)*Reforming Assessment and Accountability for Primary Schools*. London:Crown.

Department for Education (2014b) *Behaviour and Discipline in Schools:Advice for headteachers and school staff*. London:Crown.

Department for Education(2014c)*Statutory Framework for the Early Years Foundation Stage:Setting the standards for learning, development and care for children from birth to five*.London: Crown.

Department for Education(2014d)*Induction for Newly Qualified Teachers (NQTs)*.

Department for Education (2014e) *School Teachers' Pay and Conditions 2014; and Guidance on School Teachers' Pay and Conditions*. London: Crown.

Department for Education (2014f) *Teachers' Standards:How should they be used?*

Department for Education (2014g) *Keeping Children Safe in Education: Statutory guidance for schools and colleges*. London: Crown.

Department for Education (2014h) *Promoting Fundamental British Values as Part of SMSC in Schools:Departmental advice for maintained schools*.London:Crown.

Department for Education (2014i) *Schools:Statutory guidance for schools and local authorities*. London: Crown.

Department for Education and Employment(1999)*The National Curriculum Handbook for Primary Teachers in England*. London: Crown Copyright.

Department for Education and Skills (2002) *Time for Standards:Reforming the school workforce*.

Department for Education and Skills (2006) *Learning Behaviour Principles and Practice:What works in schools*. The Steer Report.London: Crown.

Dix, P. (2010) *Taking Care of Behaviour*, 2nd edition. London: Pearson.

Douglas Brown, H. (1980) 'The optimal distance model of second language acquisition', *Tesol Quarterly*, 14(2): 157–64.

Dweck, C. (2012) *Mindset*. London: Robinson.

Dweck, C.S. (2013) *Self-Theories:Their role in motivation,personality and development*. Hove:Psychology Press.

Ekins, A. (2012) *The Changing Face of Special Educational Needs:Impact and implications for SENCOs and their schools*. Abingdon: Routledge.

Elliott, A. and Dweck, C. (2005) *Handbook of Competence and Motivation*. London: Guildford Press.

Emery, W. (2012) *100 Things Awesome Teachers Do*! Charleston, SC: CreateSpace Independent Publishing Platform.

Eraut, M. (1994) *Developing Professional Knowledge and Competence*. London: Falmer Press.

Etzioni, A. (1969) *The Semi-Professions and their Organization:Teachers,nurses, social workers*. New York: Free Press.

Evangelou, M., Sylva, K., Kyriacou, M., Wild, M. and Glenny, G. (2009) *Early Years Learning and Development Literature Review*.

Evans, L. (2011) 'The "shape" of teacher professionalism in England:Professional standards,performance management, professional development and the changes proposed in the 2010 White Paper', *British Educational Research Journal*,37(5):851–70.

Ewans, T. (2014) *Reflective Primary Teaching*. Northwich: Critical Publishing.

Forehand, M. (2012) in M. Orey(2012)*Emerging Perspectives on Learning, Teaching and Technology*. Createspace: Independent Publishing Platform.

Frederickson, N.and Cline,T. (2009) *Special Educational Needs,Inclusion and Diversity*. Maidenhead: Open University Press.

Ghaye, A. and Ghaye, K. (1998) *Teaching and Learning through Critical Reflective Practice*. London: David Fulton.

Ghaye, T. (2011) *Teaching and Learning through Reflective Practice:A practical guide for positive action*. Abingdon: Routledge.

Gibbs, G. (1988) *Learning by Doing: A guide to teaching and learning methods*. Oxford: Further Education Unit, Oxford Brookes University.

Gilbert, I. (2007) *The Little Book of Thunks:260 questions to make your brain go ouch*! Carmarthen: Crown House Publishing.

Gilbert, I.(2014) *Why do I Need a Teacher when I've Got Google?* Abingdon: Routledge.

Glazzard, J. (2011) 'Including all learners', in A. Hansen (ed.) *Primary Professional Studies*. Exeter: Learning Matters.

Glazzard, J. and Stokoe, J.(2011) *Achieving Outstanding on your Teaching Placement: Early Years and Primary School-based Training*. London: Sage.

Glazzard, J. and Stokoe, J. (2013) *Teaching Systematic Synthetic Phonics and Early English*.Northwich:Critical Publishing.Gov.UK(2015)

Haigh, G. (2001) 'Read this carefully:Dyslexia can make you a better teacher', *Times Educational Supplement*,12 January.

Hammersley-Fletcher, L. (2008) 'The impact of workforce remodelling on change management and working practices in English primary schools', *School Leadership and Management*,28(5): 489-503.

Hansen, A. (2011) *Primary Professional Studies*. Exeter: Learning Matters.

Hansen, A.(2012) *Reflective Learning and Teaching in Primary Schools*. London: Sage.

Harlen, W. and James, M. (1997) 'Assessment and learning:Differences and relationships between formative and summative assessment',*Assessment in Education: Principles, Policy & Practice*, 4(3): 365-79.

Harris, K. and Lowe, S. (2014) 'Monitoring, assessment and record keeping', in H. Cooper (ed.) *Professional Studies in Primary Education*, 2nd edition. London: Sage.

Harrow, A. (1972) *A Taxonomy of Psychomotor Domain: A guide for developing behavioral objectives*. New York: David McKay.

Haslam, L., Wilkin, Y. and Kellet, E. (2005) *English as an Additional Language: Meeting the challenge in the classroom*. London: David Fulton.

Hayamizu, T. (1997) 'Between intrinsic and extrinsic motivation: Examination of reasons for academic study based on the theory of internalization', *Japanese Psychological Research*,39: 98-108.

Hayes, D.(2009)*Learning and Teaching in Primary Schools*.Exeter: Learning Matters.

Herbert, S. (2011) *The Inclusion Toolkit*. London: Sage.

Jackson,A.(2013)*Teaching as a Master Profession*.

Jacques, K. and Hyland, R. (2007) Professional Studies: Primary and Early Years. Exeter:Learning Matters.

Jacques, K. and Hyland, R. (2010) *Professional Studies: Primary and Early Years*, 3rd edition. Exeter: Learning Matters.

James, G. (2013) 'Learning and behaviour management: Two sides of the same coin?', *The Guardian*, 2 April.

James, M., et al. (2007) *Improving Learning How to Learn*. London: Routledge.

Jordan, A., Carlile, O. and Stack, A. (2008) *Approaches to Learning: A guide for teachers*. Maidenhead: Open University Press.

Kagan, M., Robertson, L. and Kagan, S. (1995) *Cooperative Learning Structures for Classbuilding*. San Clemente, CA: Kagan Publishing.

Keeling, D. (2009) *Rocket Up Your Class! 101 high impact activities to start, break and end lessons*. Carmarthen: Crown House Publishing.

King, P.M. and Kitchener, K.S. (1994) *Developing Reflective Judgment: Understanding and promoting intellectual growth and critical thinking in adolescents and adults*. San Francisco: Jossey-Bass.

Kipling, R. (1902) *Just So Stories for Little Children*. London: Macmillan.

Kolb, D.A. (1984) *Experiential Learning: Experience as the source of learning and development*. Englewood Cliffs, NJ: Prentice-Hall.

Krathwohl, D. (2002) 'A revision of Bloom's Taxonomy: an overview', Theory into Practice, 41(4): 212–54.

Le Métais (2004) in J. Arthur and T. Cremin (2010) *Learning to Teach in the Primary School*, 2nd edition. London: Routledge.

Loughran, J. (2010) *What Expert Teachers Do*. Abingdon: Routledge.

McMahon, M., Forde, C. and Martin, M. (2011) *Contemporary Issues in Learning and Teaching*. London: Sage.

McVittie, E. (2012) 'Children as reflective learners', in A. Hansen (ed.) *Reflective Learning and Teaching in Primary Schools*. London: Sage.

Menter, I. (2010) *Teachers: Formation, training and identity – A literature review*. Newcastle upon Tyne: Creativity, Culture and Education.

Milkova, S. (2014) 'Strategies for effective lesson planning', Center for Research and Learning (CRLT), University of Michigan.

Miller, B. (2010) *Brookfield's Four Lenses: Becoming a critically reflective teacher*. Faculty of Arts Teaching and Learning Committee, University of Sydney.

Millerson, G. (1964) *The Qualifying Associations*. London: Routledge & Kegan Paul Ltd.

Moon, J. (2004) *A Handbook of Reflective and Experiential Learning: Theory and practice*. London: Routledge Falmer.

Morgan, N. (2015) *New Reforms to Raise Standards and Improve Behaviour*. Press release,16 June.

Moseley, D., Baumfield, V., Elliott, J., Higgins, S., Miller, J., Newton, D.P. and Gregson, M. (2005) *Frameworks for Thinking: A handbook for teaching and learning*. Cambridge: Cambridge University Press.

Mosley, J. (1996) *Quality Circle Time in the Primary Classroom: Your essential guide to enhancing self-esteem, self-discipline and positive relationships*. Whitestone, NY: LDA.

National Association for Language Development in the Curriculum (NALDIC) (2009) in N. Frederickson and T. Cline (eds) *Special Educational Needs, Inclusion and Diversity*. Maidenhead: Open University Press.

National Foundation for Educational Research (NFER) (2007).

Nottingham, J. (2013) *Encouraging Learning*. Abingdon: Routledge.

O'Brien, T. and Guiney, D. (2001) *Differentiation in Teaching and Learning: Principles and practice*. London: Continuum.

O'Shaughnessy, A. W. E. (1874) 'Ode', in D. J. Elliott (1995) (ed.) *Music Matters-A New Philosophy of Music Education*. Oxford: Oxford University.

Ofsted (2006) *The Logical Chain: Continuing professional development in effective schools*. London: Crown.

Ofsted (2008) *The Deployment, Training and Development of the Wider Workforce*. London: Crown.

Ofsted (2010) *Workforce Reform in Schools: Has it made a difference?* London: Crown.

Ofsted (2011) *How Young Learners Master Maths: Ofsted report on best practice in early arithmetic*. London: Crown.

Ofsted (2012) in J. Glazzard and J. Stokoe, (2013) *Teaching Systematic Synthetic Phonics and Early English*. Northwich: Critical Publishing.

Ofsted (2014) *The Framework for School Inspection*. London: Crown.

Ofsted (2015)*Guidance. Ofsted Inspections: Clarification for schools*.London: Crown.

Prashnig, B. (1998) *The Power of Diversity*. London: Continuum.

Petty, G. (2009) *Teaching Today: A practical guide*, 4th edition. Cheltenham: Nelson Thornes.

Pritchard, A. (2014) *Ways of Learning*, 3rd edition. London: Routledge.

Richmond, K. and Greenfield, R. (2015) *The Primary Teacher's Career Handbook*. Abingdon: Routledge.

Roberts, H. (2012) *Oops! Helping children learn accidentally*. Carmarthen: Crown House Publishing.

Robins, G. (2012) *Praise, Motivation and the Child*. Abingdon: Routledge.

Robinson, C., Bingle, B. and Howard, C. (2013) *Primary School Placements: A critical guide to outstanding teaching*. Northwich: Critical Publishing.

Rogers, B. (2011a) *Behaviour Management: A whole-school approach*. London: Sage.

Rogers, B. (2011b) *Classroom Behaviour*, 3rd edition. London: Sage.

RSA Animate (2010) *Changing Education Paradigms*.

Rubie-Davies, C. (2015) *Becoming a High Expectation Teacher: Raising the Bar*. London: Routledge.

Ryan, R.M. and Deci, E.L. (2000) 'Intrinsic and extrinsic motivations: Classic definitions and new directions', *Contemporary Educational Psychology*, 25: 54–57.

Ryan, W. (with Gilbert, I., ed.) (2011) *Inspirational Teachers Inspirational Learners: A book of hope for creativity and the curriculum in the twenty-first century*. Carmarthen: Crown House Publishing.

Sachs, J. (2003) *The Activist Teaching Profession*. Buckingham: Open University Press.

Saunders, L. (2013) 'What can be learned about a Royal College of Teaching from the experience of the General Teaching Council for England?', *Education Today*, 63 (1): 13–17.

Schön, D.A. (1983) *The Reflective Practitioner: How professionals think in action*. London: Temple Smith.

Smith, J. (2014) *The Lazy Teacher's Handbook: How your students learn more when you teach less*. Bancyfelin: Crown House.

Sotto, E. (1994) *When Teaching Becomes Learning*. London: Cassell.

Standards and Testing Agency (2015) *Interim Teacher Assessment Frameworks at the End of Key Stage*. Crown copyright and Crown information 2015.

Taylor, K. and Woolley, R. (2013) *Values and Vision in Primary Education*. Maidenhead: Open University Press and McGraw-Hill Education.

Training and Development Agency (TDA) (2007) *Role and Context for Teaching Assistant Trainers*. TDA: London.

Tucker, K. (2010) *Mathematics through Play in the Early Years*. London: Sage.

United Nations Educational, Scientific and Cultural Organization (UNESCO) (1994) *The UNESCO Salamanca Statement and Framework for Action on Special Needs Education*. Paris:UNESCO.

University of Bristol (2014) *Handbook for Education Professionals: The Bristol guide 2014*.

University of Worcester (2015) *Meeting the Teachers' Standards (Autumn Term) 2014–15*.

Walker, M., Jeffes, J., Hart, R., Lord, P. and Kinder, K. (2011) *Making the links between teachers' professional standards, induction, performance management and continuing professional development*. Research Report DFE-RR075. Slough: National Foundation for Educational Research (NFER), Development for Education (DFE).

Watt, N. (2014) 'Labour plans to license teachers in new move to raise standards.' *The Guardian*.

Whitehead, M. (2010) *Language and Literacy in the Early Years 0–7*. London: Sage.

Wilkins, R. (2013) 'A road map to teacher professionalisation in the UK', *Education Today*,63(1): 10–12.

Williams, B. (2008) *Review of Mathematics Teaching in Early Years Settings and Primary Schools*.Interim Report.

Wilson, E. (2009) *School-Based Research: A guide for education students*.London: Sage.

Woolley, R. (2010) *Tackling Controversial Issues in the Primary School: Facing life's challenges with your learners*. London: Routledge.